Sex. Iulii Frontini Strategematicon Libri Quattuor: Eiusdem De Aquae Ductibus Urbis Romae

Sextus Julius Frontinus, Andreas Dederich

bibliolife

old books. new life.

PRAEFATIO EDITORIS.

Quoniam summa rerum, qualis huic scriptorum Romanorum collectioni praemitti solet, ipsius auctoris, qui in librorum suorum fronte de proposito ipse praefatur, tum suo quaeque ordine disposita et per singula capita digesta perscribit, cura et consilio per se cognoscitur, pauca mihi de causa critica praemonere liceat. Nimirum quaerenti, qui libri manu scripti studium meum operamque adiuverint, respondendum utique mihi est, non nova praesidia me in prompta habuisse, sed in strategematicon libris copiosum Oudendorpii apparatum criticum, in praestantissima huius celeberrimi viri editione depositum, denuo diligenter excussisse, in aquae ductuum autem libro me fructus meae ipsius operae ante plures annos impensae et iuris publici factae recollegisse. Atque in utraque parte quid praestiterim, quamvis intenti lectoris iudicium non effugiat, tamen, et usu admittente et ratione non refragante, praesertim in strategematicon libris quae a me sint aut restituta aut emendata, ut simul exempli Oudendorpiani discrepantiae in conspectum cadant, praecipui momenti res consectatus brevi adnotatione subiiciam.

Praefat. *diduximus*) scribendum e cod. Medic. vestigiis putabam, pro *diducimus*. ‖ *Ut multa transirem*) *ut* est in plurimis libris, *transirem* in Leid. pr. Vulgo: *Unde multa transire mihi ipse permisi*. ‖ *sub sua quaeque*) Libri plurimi *sub quaque*, nonnulli *sub quacumque*. Vulg. *sub unaquaque*. ‖ *Nam cum omnia*) Ita ex codd. omnibus restitui; illud *tum*, quod vulgatur ante verba *si in specie*, eieci. ‖ *hosti insessa*) Libri *infesta*. *Hosti* i. e. ab hoste. I. 1, 7: *adplicitos hosti vallos* i. e. ab hoste. Etiam II. 5, 32 *loca insessa* corrumpitur in *infesta*.

Lib. I. cap. I. 4. *Gabinis*) Aut hoc inserendum, aut *hominibus*. ‖ 6. *Channaeum*) Hoc nomen ex Dione Cassio iam praetulerat Wesseling., consentiente Freinsh. Praefert etiam Oud., edidit tamen cum vulg. *Pharnaeum*. Nomina propria miserrime corruperunt librarii. ‖ *agerentur*) Oud. *agebantur*. ‖ *infra*) revocavi e plurimis codd. Infra: *inferiore itinere*. ‖ *Q.*

a*

adplicitos hosti vallos) Ita Medicei. „Bis an die vom Feinde an-
gebrachten Schanzpfähle." Vulg. *adplicitas hosti valles.* || 8.
Subito hostibus) emendavi, pro *Sub quibus.* || 9. *inscium*) Sanus
locus. Narratio exit a Nerone, qui hic opinatur quidem, Hasdru-
balem rei inscium esse, quamvis non sit. || 12. *Metellus*) *Pius*,
quod imperite adiicitur, recte a multis libris abest.

    Cap. II. 3. *imminerent*) Ita Palat. Ceteri *immineret.* || *Rho-
dinum*) Iustin. XXI. 6: *Hamilcarem cognomento Rhodanum.* Dubium
nomen. || 5. *potuerat*) Ita plurimi codd. et edd. vet. Vulgo *po-
terat.* Oud. proponit *patuerat.* || 7. *Papus — Populoniam*) Ita aliis
praecedentibus Niebuhr. Röm. Gesch. III. p. 502. De Papo cf.
I. 4, 1. Vulgo: *Paullus—Coloniam.* || *in itinere*) recepi ex Vatic.,
Petrens. et edd. Rom. et Bonon.

    Cap. III. 5. *in Hispania*) e codd. recept. Oud. retinuit *in
Hispaniam.* || 6. *amandandi*) Oud. *emittendi.* || 7. *Idem fecit*)
i. e. statum belli ad navale proelium transtulit. || 8. *funeribus*)
Ita mss. paene omnes, non *finibus.* || *hostilem in terram*) emen-
davi. Excidit *terram* propter similitudinem sequentis *trans.* Libri *hostile transt. b.*

    Cap. IV. 1. *Papus*) Vulg. *Paullus.* Cf. supra c. II. 7. || *in
Lucanis*) Vulg. *in Lucanos.* Cf. Niebuhr. Röm. Gesch. III. p. 523.
|| 6. *adpetens*) Vulg. *petens.* Sed permulti libri *Graecias pet.* Hil-
lensb. *Graeciab. pet.* || 8. *producere*) sc. suos. || *ne*) magis pendet a
perducto, quam ab *eandem persuas.* Possis etiam explicare per:
ita ut non. || *ipse per sup.*) *ipse* restitui ex nonnullis libris, qui ha-
bent *in sup.* || *in flumine*) coniungas cum *diversis locis.* || 10. *ius-
saque*) restitui e libris omnibus (pro *iussa*), mutata interpunc-
tione. || *quae*) emendavit Oud. pro *ex qua.* || 12. *per litus*) con-
iectura Casauboni sagacissima. Antea legebatur *penitus.* || 13.
Cyaneae) Insulae Cyaneae, eaedem ac Symplegades, nomen dedisse videntur angustiis. Oud. proponit *Abydenae;* quod minus
placet, quia etiam sequens strateg. fit ad Cherronesum. || *inter-
fectis*) emendatio Herelii, pro *interceptis*, quod tolerari non potest
propter seq. *epistolae ut interciperentur.* || *cum Cherr.*) scripsi pro
quia, propter seq. *prohiberetur.* || *industria*) permulti libri, pro
de industria. Cf. cap. V. 16. Lib. III. 17, 6.

    Cap. V. 1. *necesse*) suadente Oud. restitui. || 4. *superiori e
parte*) sc. fluminis. Ita scripsi (pro *superiori parte*) ex nonnullo-

rum librorum lectione *superiore p.* ‖ 6. *Segestano*) Vulg. *Syracu-sano.* ‖ *cursu*) pro *rursus* revocavi ex optimis libris, auctore Oud. ‖ 7. *obrutis*) sc. aqua, i. e. submersis. Ita libri vel plurimi, non *obrutus.* ‖ 9. *adplicata*) „sich anlehnen." Cf. III. 16, 5. IV. 7, 44. Eadem vis aliquoties in libro aquaed. *Ad opus* i. e. ad fossam. *Armati* i. e. prima et secunda acies: tertia fossam fece-rat. Ita congrua omnia sunt narrationi Caesaris b. G. I. 41. ‖ 10. *cinctus*) An: *abruptis saxis cinctus?* Variae lectiones *accinctus* et *tractus* talem movent opinionem. ‖ 11. *subsimilibus*) emendavi, pro *similibus.* Libri: *sublimibus, sublicibus.* ‖ 12. *legatus*) Libri *Crassus.* Cf. IV. 5, 8. ‖ 13. *producto*) Vulg. *perd.* Cf. cap. I. 1. ‖ 14. *occupatum*) restitui ex optimis libris, pro *ad occupan-dum.* ‖ 15. *superiora*) Infra IV. 5, 10 ipse Frontinus explicat: *quae superiora erant.* ‖ 16. *si lac.*) emendavi ex Liv. XXXV. 11: *intenti paratique si lacesserentur.* Antea *ne lac.* ‖ *Dein industr.*) Vulg. *de indust.* Cf. cap. IV. 13. ‖ 17. *ad fidem rem.*) i. e. ut hosti-bus persuaderetur, Sullam cum suis remanere. ‖ 21. *Vesuvio*) Oud. *Vesvio.* ‖ 24. *ipsos*) sc. hostes, qui in colle erant. ‖ *cepit*) Libri omnes *fecit.* ‖ 25. *Dareus*) Vulg. *Darius.* ‖ 26. *Silures*) emendavi, pro *Ligures.* Vid. Zeitschr. für Alterth. J. 1839. p. 837. ‖ *deducto*) emendavit Oud., pro *diducto.* „Durch den weitdrin-genden Schall des anhaltenden Gebrülles."

Cap. VI. 4. *extremas*) arbores: quae infra vocantur ulterio-res. Singula lucem accipiunt e Liv. XXIII. 24. ‖ *Ipsi ubi* etc.) Sic totum locum refinxi, vestigiis codd. adiutus. Ante legebatur: *delituerant deinde ad extremas ipsi Boii, ingressoque silvam hoste, in pr. ult. impulerunt. Eo modo prop.* etc.

Cap. VII. 7. *potum voluisset*) Med. et al. *communicare voluis-set.* Ceteri *comm. potuisset.*

Cap. VIII. 3. *Asisium*) Vulg. *Sitium.* Cf. Niebuhr. Röm. Gesch. III. p. 444. ‖ *adsecutis*) Recte. Liv. XXXIII. 8: *adsecuta parte.* ‖ 7. *instruebat*) i. e. exequi studebat. ‖ 9. *ad se*) Libri aut *ad Caesarem* aut *a Caesare.* Vulg. om. *ad se.* Refer ad praece-dentia *Afranium Petreiumque castra moturos,* et ad *retentos.* ‖ 11. *militum ten.*) Ita emendavi, pro *ibi ten.* Orta corruptio ex con-cisa scriptura.

Cap. IX. 1. *C. Marcius Rutilus*) Ita Liv. VII. 38. quem hic

paene de verbo exscripsit Frontinus, quare ex eodem infra inserui *et anno*. Antea: *A. Manlius*.

Cap. X. 1. *valentiorem*) sc. equum, i. e. valentioris equi caudam. Cf. IV. 7, 6. ‖ 2. *tutis et sine n.*) Sic e vestigiis mss. legi,
pro *tum utrisque et sine noxa ost*. ‖ 4. *sibi tent*.) *sibi* revocavi e
libris bonis. ‖ *concordiâ in cives*) i. e. concordiâ civili, concordiâ
civium inter se ortâ. „Weil es (das röm. Volk) in bürgerlicher
Eintracht erstarken könnte."

Cap. XI. 2. *sui pers.*) emendavi, pro *sua*. Cf. I. 5, 16: *sui
contemptus*. Cantabr. *supersuasio*. ‖ 3. *eniterentur*) Ita (aut *nite-
rentur*) nonnulli libri: quod subtilius verbum est, quam quod librariis debeatur. „Sich aufrichten und ermannen aus der Nie-
dergeschlagenheit und Verwirrung (*confusis animis*)." Plerique
libri *cogerentur* (sc. ad pugnam). Oud. *erigerentur*. An *concitarentur?* quo verbo in ea re utitur noster infra 4. 6. 19. et
alibi. ‖ 7. *eodem die classe, quo terra vic*.) Ita locum sanandum
esse putavi. Vulgo: *eodem die, quo classe vic*. ‖ 9. *aram*) Libri
arma. Infra inserui *duos* cum Herelio. ‖ 13. *ea, qua talia erunt,
quae*) i. e. ea parte, qua (parte) ea (strategemata), quae excogi-
tabantur, talia erunt, ut ea a Diis m. esse credantur. Ita restitui
e quinque libris. Vulg. *ea, quae talia erunt, excogit*. ‖ 14. *rapuisset*) i. e. imbibisset.

Cap. XII. 3. *P. Sempr. Sophus*) Vulg. *T. Sempr. Gracchus*. ‖ 5. *muneribus*) Leid. *mortibus*. Ceteri *funeribus*. ‖ 7. *pro
tr. exciperetur sign. et sic conf.*) Ita ex Petrens. restitui. Vulg.
pro tr. significatione confusi mil. Sed omnes codd. interponunt
exciperetur. Cf. 8: *pro ostento exciperent*. ‖ 8. *imminente nocte*)
Liv. XLIV. 37. Vulg. *imminentem* (sine *nocte*): quod superfluum
propter seq. *futurum*. Medic. *imminente*. ‖ 9. *quia*) Sic legendum,
non *qua*.

Lib. II. cap. I. 1. *oriente*) Libri haud pauci *inoriente*. Infra
15: *oriente statim die*. Haud semel in Frontini codd. temere prae-
figitur syllaba *in*. ‖ 3. *Sertorianos*) Vulg. *quum Sert*. ‖ 4. *et cum
ined.*) Ita omnes mss. et edd. vet. Vulgo om. *et*. ‖ 6. *essent*)
Oud. *issent*. ‖ 8. *in prima acie*) „den im Vordertreffen plötzlich
mit allen Kräften angegriffenen Feind." Brevitas inducit obscuritatem. An legendum: *adm. etiam subsidio, collectis in prima acie
univ. viribus, oppr. f. hostem?* In eadem re Livius X. 29: *collectis*

omnibus subsidiis, quae ad id tempus reservaverant. || 12. *adeunti*) Ita mss. et edd. vet., non *abeunti.* Pompeius, rebus consulto praeparatis, hosti viam obstruxerat, eumque castris motis ad se adpropinquantem (*adeuntem*) ad pugnandum coegit. || 15. *pluviâ non solum sed et las.*) Ita restitui, ducibus simul librorum vestigiis. Vulg. *fessum stando et pluvia non solum animo sed et las.* Hostis fessus erat stando; iamque non pluviâ solum, quam diximus, animum ei ademit, sed praeterea etiam lassitudo (a stando).

Cap. II. 4. *peditum*) Libri *pedites* et *peditem.* Insecutus est equitatum regum, qui in fugam aversus est et partem peditum eorundem regum proturbabat. || 5. *quibus ex long. usus est*) i. e. quibus uti solent. Superfluum additamentum. Videtur legendum: *ut et sagittis, quibus ex long. usus est* (Ventidius), *et comminus adplicitus, victoriam hostium eluderet.* Ita magis conveniret inter Frontini et Dionis Cassii (XLIX. 20) narrationem. Libri *eminus*, pro *et comminus.* || 7. *Volturno Vergellum*) Ante me: *Volturnum amnem.* De re adi interpretes. || 10. *profluebat*) „in hohen Ufern dahin strömte.“ Rei convenientius esse videtur *praefluebat* i. e. praeterfl. || 14. *cum — custodiae essent*) Libri: *custodiae est, custodiae esset, custodia esset.* Sed ed. Bonon. *custodiae essent.* Vulg. *dum — custodia est.* || *barbaris*) Vulg. *dictis barb.*, quod additamentum optimi codd. ignorant.

Cap. III. 1. *ad op. Indibilis*) Vulg. *Indibile.* Libri: *Indibilem, Intibilem.* Oud. *Intibilim.* Ex nostra ratione omnia congruunt cum Liv. XXI. 60 et Polyb. II. 76. Ne huc referas Liv. XXIII. 49. Maximi momenti est, quod Hanno capitur. Indibilis rex apud Polyb. nominatur *Andobales*, cuius oppidum *Cissa*, apud Liv. *Scissis.* || 2. *profligavit*) i. e. victoria potitus est. || 3. *totam*) Verba in libris praecedentia *dextro cornu* cum aliis viris doctis eieci. || 4. *firm. milites leg.*) emendavi, pro: *firm. id est leg.* Verba *id est* (*i. e.*) hic eodem modo depravata sunt, ut 1. 8, 3 *ibi.* Intelligitur *robur legionum*, cui opponuntur socii. || 5. *conflictatus*) emendavi, pro *confligatis.* || 3. *auxilio*) Libri *in auxilio.* Vulg. *in auxilium.* || 16. *pedites suos*) hic inserendum, *milites* (post *iussit*) expungendum, denique pro *militibus* scribendum esse *peditibus* putavi, et re ita flagitante et librorum perturbatione non adversante. || 16. *populis*) Ante me *partibus.* An *regionibus?* Diversi populi infra nominantur. || *ut fug. non p.*) Ita e Livio reponendum.

Omnino totus locus sanus est et e Livio sumptus, qui XXX. 35 refert: *Deinde auxiliares ante Carth. aciem, ne — liberum receptum fugae haberent; simul primum ardorem atque impetum hostium excipientes fatigarent; ac, si nihil aliud, vulneribus suis ferrum hostile hebetarent.* Interpretes hoc neglexerunt. Quia Frontinus tam diligenter secutus est Livium, ex eo etiam infra et *dextro* et *sinistro* permutare non dubitavi. Locum a verbis *ut fugere* usque ad *fatigarent* excidere non posse, ex ipsis Frontini verbis (*fessos Romanos*) satis conspicuum est, quum ea ad illud *fatigare* referri necesse sit. || 17. *in capit.*) *in* deesse non potest. || *per levem*) ut supra 16: *ordinatum per hastatos* etc. || *innumerosque*) edd. Italicae. Leid. pr. *numerosque*. Cf. supra 14. In ceteris *numerososque*. || *instructuram*) Malim e bonis libris *structuram*. || 20. *praefringerent*) Quamvis ridicula res videatur, tamen emendatione succurrere non audeo. || 22. *qui et alv.*) Vulg. *quod*. || *sex*) pro *sed*, ex Caesaris narratione et bonis libris reposui. || 23. *Domitianus*) restitui. Cf. I. 1, 8. I. 3, 10. II. 11, 7. IV. 3, 14. || *loci eius*) Ita Medicei. Ceteri *locus*. || 24. *hostes trucidabat*) reposui, pro *eos trucidabant*.

Cap. IV. 1. *Romanis — concitatis*) Vulg. *et Romani f. concitati sunt et Samn.* || 4. *Achaia*) Vulg. *Achaiam*. || *iis*) ante aberat. || 6. *hostium misit*) An inserendum *in montes*? Cf. Polyaen. VIII. 10, 2. Nam infra *descenderent*. || 7. *Calamatium*) Vid. Cluver. apud Oud. Mons ad caput Silari fluminis. Oros. V. 24. Apud Plutarch. Crass. 11 commemoratur λόφος τις. Post Casti et Gannici interitum Spartacus in montes Petelinos se recepit. Vulg. *Calamarcum*. || 10. *clamare coepit*) libri haud pauci. Vulg. *tum latine clare praedicavit*: in quo *tum* superfluum est et *clare* defendi ex cap. 7, 1 non potest. || 12. *Cyrus adv. Croesum*) Non dubitavi ita locum sanare. Vulg. *Croesus*. || *odore*) ex Herodot. I. 80 et Polyaen. VII. 6, 6. Antea *horrore*. || 15. *a virgultis silvisque*) Libri alii *virgultis silvaque*, alii *virg. silvasque*, alii *virgulta silvas*. Vulg. *virgulta silvasque*. Sed IV. 7, 40: *prope a virgultis silvaque*. || 18. *faces et a. praef., furiali incessu*) Liv. VII, 17: *facibus ardentibus anguibusque praelatis incessu furiali militem Ro. turbaverunt.* Vulg. *faces et angues furiali habitu praeferentibus.* Vox *habitu* irrepsit ex praeced. *in habitum.* || 20. *praeferri*) Antea *praeferre*. An *eas praeferre*?

Cap. V. 4. *ut et*) *ut* retinent libri optimi. || 15. *Chii*) Vulg.
Hi. || 17. *secum ducta*) Ita Palat. Opponitur: *quos relinquebat.*
Vulg. *seducta.* || 18. *Rhodius*) Quod additur *rex*, e Med. pr. cum
aliis viris doctis delevi. Cf. infra 46. || *ut subinde*) Vulg. *ut et
sub.* Sed *et* in aliis libris locum mutat, a Medic. abest. || 19. *a
Bardyli*) Vulg. *ab Ardie.* || 21. *aversam*) Gujetus et Gronov.
Libri aut *adversam* aut *diversam.* || 23. *Nec def.*) Alii addunt:
Nec vero def. || 27. *Isthmon*) Vulg. *Athmon.* Mss. variant. || 28.
paganos) Libri *pagos.* Vox incerta. || 29. *ei cessit.* Libri vel plu-
rimi *incessit*, al. *sibi cessit.* Vulg. *cessit.* Quae sequuntur: *nam
tamquam — — cecidit*, ex codd. et Liv. XXX. 5 restitui. || 30.
Oleabante) Appian. de b. Mithr. 79: Σκύθης, ὄνομα Ὀλκάβας.
Plutarch. Lucull. 16: Ὀλθακός. Codd. variant. Vulg. *Adathante.*
|| *cogitationibus*) Libri favent *cogitatibus.* || *iubent*) cum Oud., pro
iubet. || *inciperetur*) Ita Medic. pr. Ceteri *inciperet.* || *Cura tum*)
Antea: *Curatum.* || *sensum*) An *famam*? || *velut fugerent, cesse-
runt*) Sic refinxi. Palat. *velut fugientes*, Med. pr. *cederent.* Vulg.
velut cesserunt. || *deinde, cum*) Vulg. *et quum.* || *iamque etiam*) re-
vocavi ex Palat. Vulgo *quum iam etiam.* An *quin etiam*? || *egredi*)
e Petrens. recepi. || *et ita*) *et* ipse restitui. || 32. *insessa*) sc. ab
insidiatoribus Pompeii. || 34. *Calamatium*) II. 4, 7. Vulg. *Cathe-
nam.* || 36. *destituto*) „sie gaben ihn auf." || 37. *Pharnap. et Parth.*)
v. Oud. Vulgo: *Pharnastanis Parthos.* || 42. *tale*) ipse inserui.
Cf. cap. 15, 31. || *omnium*) sc. militum. Oppon. *firmissimam ma-
num.* || 46. *erigerent — iubet*) Vulg. *erigeret — iuberet.* || *Hostes*)
Vulgo additur *autem.* || *occupati*) „überrascht."

Cap. VI. 7. *porta*) Ita e Liv. Oud., pro *parte.* || 10. *ne non
sol. acie*) Ita iam Oud. proposuit e libris restituendum. Vulg.
non solum, ne fort., et infra *acie cederet.* Tum pro *fugientibus*
correxi *fugienti sibi.*

Cap. VII. 1. *circumvenirent*) Med. Ceteri *circumveniret.* ||
3. *auxiliares*) Vulgatam retinui. Libri *auxiliaribus.* Oud. ex
Leid. *auxiliarios.* || 8. *Mac. cum vid.*) Libri: *excepit Macedonas,
qui cum vid.* || 11. *M. Fabius* etc.) Libri: *Cn. Manlius — col-
lega Fabio.* Admitti non potest, Frontinum, cui Livius in manu
erat, praesertim in re nobilitata, in nominibus errasse. Non negaverim, eum permutasse cornua, a Livio non expressa: de quibus consulendus Dionysius. Infra inserui *ea*, et pro *quod*, in quo

libri variant, scripsi *cum*. || 12. *tollerentur?* Nihil mutandum. „Sie wurden aufgehoben." Egregie ea res illustratur a Plutarcho.

Cap. VIII. 2. *Volscos et Aeq.*) Liv. III. 70. Vulg. *Hernicos et Aeq.* Leid. pr. *Aequos* tantum nominat, atque contra eos imperavit Agrippa. || 3. *Quinctius*) *Capitolinus*, quod additur, delevi. Cf. III. 1, 1. Infra *Volscos* restitui pro *Faliscos*. Eadem permutatio in exemplo 8. Cf. Liv. IV. 46.

Cap. IX. 1. *intervenerat*) Ita Gronov., pro *circumvenerat*. || 2. *fratris occisi*) Ita Leid. sec. et Sanut. Ceteri: *nam frater occisus erat.* Sequens *adventantis* mutavi in *adventandi*. || 5. *Vadvadum*) restitui e plurimis libris. De *Megistanibus* cf. Forcell. Lex. Vulg. *in quemdam ex Megistânis.* || 6. *Carthag.*) Etiam cum his Hermocrates rem gessit. Diodor. XIII. 63. || 7. *hostium*) ipse inserui. || *praetenderet*) e bonis libris reposui, pro *praemoneret.* Totum locum partim refinxi e librorum vestigiis, partim ex Polyaen. I. 43, 2., partim coniectura. Vulg. *quarum metu recepit aciem. illi quum adventarent, persecuti, in fossas decid.* etc.

Cap. XI. 2. *Caucenses*) Ita Palat. Alii *Chaucenses, Claucenses, Causenses* etc. Edd. *Catinenses, Catinienses.* || 3. *sumerentur*) pro *sumerent* recepi ex edd. pr. || *eorum*) Thracum. An *subtectorum?* || 4. *Bottiaeorum*) Med. sec. *Vetiorum* (cui simillima est vel plurimorum librorum lectio *Netiorum*). An *Vettiorum?* Liv. XLV. 30: *Vettiorum bellicosam gentem.* Sed aliud latet. Audiamus veteres. Livius: *Tertia regio nobiles urbes Edessam et Beroeam et Pellam et Vettiorum bellicosam gentem.* Herodot. VII. 123: Βοττιαΐδος ἔχουσι τὸ παρὰ θάλασσαν στεινὸν χωρίον πόλις Ἰχναί τε καὶ Πέλλα. Strabo VII. fragm. 20: Πέλλα ἐστὶ μὲν τῆς Μακεδονίας, ἣν Βοττιαῖοι κατεῖχον. His inter se comparatis, non amplius dubitandum, quin et Livio et Frontino restituendi sint *Bottiaei*: de quibus cf. Liv. XXVI. 25. Plin. IV. 11. || *in praesenti*) Med. pr. et edd. Italicae. Ceteri *in praesentia.* || 7. *Domitianus*) e Petrens. || *Cattorum*) restitui, pro *Ubiorum.* Zeitschr. für Alterth J. 1839. H. IX. S. 839.

Cap. XII. 2. *impar*) Recte. I. 10, 1: *impar universo Ro. exercitui.* II. 1, 3: *impar duobus.* Totum strategema Oud. non intellexit, neglecto huius capitis argumento. Sertorius id agere debebat, ut fiduciam suorum augeret. Sed totum exemplum foede corruptum erat. || *et ante*) Ita recte Med. pr., pro *et eas ante.*

Infra *tamen* scripsi, pro *demum*. Pro *redire*, quod vulgatur, emendavi *praedatum ire:* nam ea erat consuetudo equitum Sertorii. Idem verbum corrumpitur etiam III. 16, 13. || *ne solveretur disc.*) Mea emendatio est. Libri: *quod cum solvere disc.* Oud. edidit: *solerte ex disc.* Postremo pro *interritos*, quod vulgatur, restituendum aut *intentos*, aut potius *intentiores*, sc. disciplinae, aut hostium insidiis, aut imperio Sertorii. Cf. II. 5, 4.

Cap. XIII. 2. *eamque sectando*) ex Med. et Leid. reposui, pro *eique sectandae.* || 5. *ne eâ subseq.*) Lipsii coniectura, pro *ne casu seq.*, quod nihili est. || *in armis et vuln.*) Sic e codd. vestigiis scribendum. *In armis* i. e. armatus (Liv. II. 10: *armatus in Tiberim desiluit*), de qua locutione v. Forcell. Lex. Ad verba *et vulneribus oner.* cf. Liv.: *multisque superincidentibus telis — tranavit.* Brevi: „bewaffnet und mit Wunden bedeckt."

Lib. III. Praefat. *ultra art. mat.*) i. e. nullam materiam ultra materiam artium. An *ultra artem?* Artis tantum respectu materiam praebent. || *hostilium*) Leid. pr. et alii, pro *hostium.*

Cap. I. 1: *et neces.*) *et* ex ms. Gronovii: more Frontini. || *eripuerint*) i. e. praeoccupaverint.

Cap. II. 6. *Agrig.*) Error ipsius auctoris, ut videtur. Ad Catinam res pertinet. Polyaen. I, 40, 4. || 9. *Soanda*) Ita Itin. Anton. et Strab. Vulgo *Suenda.* || 10. *disposuerunt*) Recte. Vide meam adnot. ad Daret. Phryg. p. 45. || 11. *Saniorum in p.*) Vulg. *in Samiorum p.* Sed plurimi libri non agnoscunt eo loco praepositionem. Sane urbs sita ad sinum Singiticum: quae quum Macedoniae sit, Timarchus autem habitu Macedonico reciperetur, recte se habebit *Saniorum.* Cf. infra cap. 3, 5.

Cap. III. 1. *potiretur*) Cod. Goth. *poteretur.* Vid. Haase ad Reisig's Vorles. über lat. Sprach. p. 251. || 4. *Dareus*)· restitui (pro *Cyrus*), quia admitti non potest opinio, Frontino tritam hanc rem ignotam fuisse; contra librarios vel notissima nomina foede corrumpere, satis superque iam audivimus. || *adsentante*) „Treu und Glauben an die erlittene Unbill schmeichelte sich bei ihnen allmälig ein." || *hostem*) Aut hoc inserendum, aut infra pro *in eum* legendum est *in hostem.* || 5. *et conf.*) Vulg. *Confestim deinde.* Sed *deinde* abest ab optimis libris, atque *et* absorptum est exitu praeced. verbi. || 6. *ipse — subministrabat*) Ita Med. pr., Palat. et Lipsius. Vulg. *ipsi — subministrabant.* || 7. *cum*) inserui; contra

qui, quod vulgo ante *postea* invenitur, plurimorum librorum aucto-
ritate eieci.

Cap. IV. 1. *protrivit*) Quae vulgo sequuntur (*et ad famem
redactis potitus est*), relegavi ad exemplum 2. Vide Oud. Sed
aliud vitium latere videtur. Fortasse legendum: *aut protrivit aut
in castra convexit:* ex Liv. XXIII. 48 init. Non tam rudis historiae
noster fuit, ut ea, quae vulgo hic narrantur, imputare ei possis.

Cap. V. 1. *spe*) Ita Palat. Ceteri *ope*.

Cap. VI. 1. *decreturos*) cum Oud., pro *decertaturos*. || 4. *et
inop. arte invalidi*) Mss. Scriverii *inopinati invalida*. Vulg. *inopinati et invalidi*. „Durch die unverhoffte Kriegslist geschwächt."
|| 6. *Catiniens*.) E libris mss. apparet, hac forma nostrum usum
esse, non *Catinens*. || *Lacedaem*.) Libri *Atheniensis*. Equidem
suspicor, *Lacedaemonius* propter similitudinem praeced. nominis
excidisse, tum a librariis inculcatum esse *Atheniensis*.

Cap. VII. 4. *Cyrus*) audacter restitui pro *Alexander*: numquam mihi quisquam persuadebit, Frontinum tali in re errare po-
tuisse. Sequens exemplum non est Frontini, sed ignorantis libra-
rii. || 6. *refectis tubis*) Ita edd. Italicae. Varia librorum monstra.
Vulg. *adfectis siti*. || *deficientes*) Ita Rubenius emendavit. Polyaen.:
ἐκλυθέντες ἐκσῖντο. Libri plurimi *decipiens*.

Cap. VIII. 2. *defecerunt*) sc. animo. || *in parte iam*) An: im-
pares et iam? || 3. *eas*) sc. malos. Antea *eos*. || *Ubi vero*) Ita
Petrens. Vulgo: *Tum — adgressus est, ubi orto iam sole — refulserunt. Oppidani captam* etc.

Cap. IX. 2. *elato signo, effracta porta ingres*.) Ita emendavi ex Livio, partim duce Oud. Vulgo: *dato signo, ab alia parte
adgres*. || 3. *ceterum natura et arte pr. erat*.) Ita emendavi.
Sallust. Iug. 92: *natura, velut opere et consulto praeceps*. Vulgo:
cetera parte velut consulto praecipiti: in quibus *velut consulto* manum insipientis librarii prodit, non considerantis, in Sallustio
praecedere graviorem vocem *opere*. || *veloc. militibus pares*) Ante
me edebatur: *cum velocissimis militibus aeneatores*. Comparanda
est ratio narrationis Sallustianae. || *facilior*) sc. nisus. Nonne
facilius scribendum? ex Sallustio, quem noster hic de verbo ex-
scripsit. || 4. *fecerunt*) Ita Petrens. et duo Regii, non *facerent*. ||
6. *sed ex div*.) Infra: *Qui suff*. et: *ille qua*. Omnia ex Petrens.
Antea: *et divers. — iussit. Sufficere — poterant. Ad id latus —*

confluerent, qua etc. Nimis abrupte. || 7. *vi inexsp.* Ita emendavi, pro *classe inexsp.* Classis non erat inexspectata; nam ea subinde iam oppidanos tentaverat. Cf. cap. 11, 1. An *inexspectato?* || 8. *dum eminus)* emendavit Oud., pro *domibus.* || 10. *a div.)* cum Oud., pro *ex div.*

Cap. X. 4. *Segestanos)* Vulg. *Saguntinos.* || 5. *ligni* restitui ex Medic. corrupta lectione *ignem lignis acerbis.* Cf. Polyaen. V. 10, 4. || 7. *cohortium)* Ita Tennull., pro *partium.* — Scordisci incolebant potissimum circa flumen Morawa in Serbia. Excurrebat ferox eorum equitatus usque ad Scardum montem, in Macedoniam et Illyriam. In Macedonia sita erat urbs *Heraclea Lyncestis*, in Illyria iuxta Lychnitin lacum *Eordaea*, urbs Eordaeorum. Utram significet Frontinus, difficile est dictu: librorum vestigia favent Heracleae. Saepe a Romanis cum populis illius regionis late circumvagantibus pugnatum est, qui post cruenta demum certamina subiecti sunt. Scordiscis saepe Daci coniuncti erant (II. 4, 3). De Heraclea Sintica cogitari hic nequit. || 8. *ire)* An *exire?* || *agebant)* i. e. in praesidio erant.

Cap. XI. 1. *leg. eorumd. rapta req.)* Ita emendavi ex librorum vestigiis, quorum multi *de ea re req.,* al. *de ea req.,* al. *de causa req.* Vulg. *de ea re querentibus.* Sed Medicei *eorumdem eos req.* Edd. Rom. et Bonon. *eorumdem ea req.* Cf. Polyaen. III. 4, 1: ἀπαιτῶντες (τὰ ἡρπασμένα). || 5. *apud Mant.)* Huic vulgatae favet, praeter morem Frontini, multorum librorum lectio *Mantiniam.* Ex aliis Oud. *in Mantinia.*

Cap. XIII. 1. *ad Cam. auxil.)* Ita emendavi. Vulg. *ad Camillum ab exsilio implorandum.* Sed Med. pr. *ad auxilium,* Med. sec. *auxilium,* Leid. sec. *ad auxilia.* || 4. *in ium. av. p.)* Intell. litteras infulserunt („Briefe in den Hintern stopfen"). Vulg. *iumentum in av. p.* || 6. *milia)* ita, non *milium,* est in Petrens. Pendet Accus. ab *ire traiectum* i. e. traiicere.

Cap. XIV. 1. *M. interim tesserâ)* Libri plurimi *interim rex,* al. *interrex.* Sed Petrens. *eius terrae interrex:* unde restitui *tesserâ,* adiuvante Dione Cass. XLIII. 32. || *tribuni)* Caesar. b. Hisp. 11: *Q. Marcius tribunus militum qui fuisset Pompeii, ad nos transfugit.* Munatius igitur (Dio c. 31 et 32) ab illo diversus. Ceterum non erat miles gregarius; nam Dio refert: Quum obsessi ducem non haberent (ἀστρατήγητοι ἦσαν), Pompeius misit iis

Munatium Flaccum; qui, urbe dedita veniam a Caesare implo-
rans, non impetravit. Antea Marcii, priusquam hic ad Caesarem
transierat, cornicularius fuerat, teste Frontino. ‖ 3. *exciperentur*)
non *exciperetur*.

Cap. XV. 3. *arato*) Vulg. *saepe ar.*: quod ab optimis libris
abest. ‖ 5. *adscensus*) cum Oud., pro *accessus*. ‖ *oves eo paverunt*)
Vulg. *aut caseo paverunt pecora*. Ridicule. Secutus sum Palat.
Vox *pecora* a multis libris abest, in aliis alio loco ponitur; ad hoc
infra sequitur *earum* (non *eorum*). Illata est ex seq. *pecora pascerent*. ‖ *impul. praes.*) Ita Petrens., non *praes. dimiserunt*. ‖ 6. *comportari*) Ita Petrens., non *compellere*, quod ex praeced. huc irrepsit.

Cap. XVI. 3. *se pens.*) *se recepi* e Petrens. ‖ *dilatis*) cum
Lipsio, pro *datis*. ‖ *ex Romanis*) Ita Med. pr.: Addidi *raros*, quod
in celerorum librorum lectione *et Romanos* latet.

Cap. XVII. 1. *Livius*) Vulg. *Velius*. Cf. III. 3, 6. ‖ *incautius*)
ex Leid., pro *incautus*. ‖ 2. *ex imp.*) Recepi praepos. ex Med. et
Petrens. ‖ 4. *eruptione*) cum Lipsio, pro *eruptionem*. ‖ 6. *rege*) e
bonis codd. restitui. ‖ *artiora*) cum Stewech., pro *ampliora*. Castra
iam exigua erant, refert Caesar b. G. V. 49, sed etiam magis contraxit, ut hostem falleret. An *angustiora?* ‖ *proelio non aptatos*)
i. e. ad proelium. I. 8; 5: *aptari iussit milites ad pugnam*. Nega-
tionem *non* ipse inserui, re ita flagitante. Hostes intelligendi
sunt, occupati in fossis implendis et vallo scindendo. Cf. Caes.
c. 51. ‖ 7. *plurimos*) In bonis libris est *plurimum*. An *plurimorum civitates?* Caes. b. G. III. 19: *civitates omnes se dediderunt*.
‖ 8. *oppugnante eorum*) Ita lego ex Petrens. (*oppugnante*) et aliorum librorum vestigiis, pro *oppugnaturo oppidum*, ipsa re eam
emendationem poscente.

Lib. IV. Praefat. *in hoc*) libro quarto. Supra *trium librorum*,
infra *priorum*. ‖ *Et sane res* etc.) Ita locum restitui cum Oud. ex
librorum vestigiis. Vulg. *et sane velut residua exp. sunt*. Verba
et ipse, quae ante *ordinem* vulgabantur, cum quattuor mss. delevi.

Cap. I. 3. *ego vero*) ex Petrens., pro *ego eos*. ‖ 4. *Paullo*)
Certe rectius hoc nomen (Liv. XXII. 38), quam *Flacco*. ‖ 14. *Ma-
levent.*) Plerique libri *Statuentum*. Vulg. *Beneventum*. ‖ 17. *subire
mort. dubit.*) Ita lego, pro *dubiam mortem timuissent*. Leid. sec.
vitavissent. Valer. Max. II. 7, 2. Extern.: *Quo aperte denuntiabat,
futurum, ut spiritum poenae impenderent, quem pugnae acceptum*

ferre dubitassent. || *deseruissent)* sc. proelium. „Wenn sie aus-
rissen." Cf. 20. || 21. *cum Paccio)* Ita nomen scribitur tribus Ta-
citi locis. Vid. Orell. ad Annal. XIII. 36. Palat. *Micon.* Scriverii
unus *Inicon.* Med. uterque *Secum a. c. initio.* Oud. magis placet
cum Iccio, vel *cum Itio.* Muretus vult *P. Attio.* || 24. *in Samnium)*
Libri: *Servum, Servium, Sitrinum, Firmum, Firmium.* Secutus
sum Niebuhr. Röm. Gesch. III. p. 584. || *Idem senatus)* Idem de
meo inserui, et infra pro *eius* emendavi *consulis* (cos.). Alterum
strategema distinxi. Recte me fecisse, coarguunt etiam verba
seq.: *ne auxilia ei submitterentur;* nam Plutarch. Pyrrh. c. 18:
ἀναπληροῦντες δὲ τὰς τάξεις καὶ συντάττοντες ἑτέρας προθύ-
μως. || 25. *relegatis) velut,* quod additur, Mediceorum auctoritate
delevi. Cf. 44. || 26. *consul)* e nonnullis libris restitui. || 27. *gla-
diis aptatis)* Cf. III. 3, 9. Liv. XXVII. 13: *destrictis gladiis dis-
cinctos destitui.* Ante me: *galeatos.* || 28. *mitteretur)* Oud. *mitte-
rentur.* || 29. *ad Luceriam)* ut Liv. X. 35. Oud. *in Luc.* || 33. *a
terra)* iam restituit Oud.; sed e voce *alta,* quae est in vulg., ad-
ieci *edita.* || 36. *quarum)* lego, pro *quorum.* || 38. *diripuerat)* Ita
Casaub. et alii, pro *diruerat.* || 39. *caedendum)* ego inserui. || *ne
ibi quidem* etc.) Oud. *nec ibi quidem remissionem supplicii prius
meruit,* sc. Fabius: quae ratio turbat syntaxin. Nonnulli libri *re-
missio* et *remisso.* Vulg. *remisso prius sup. metu.* Haud pauci
ne ibi. Vox *prius* mutat locum. Ex his refinxi locum, ut editum
vides. „Die Furcht (aller Anwesenden) vor der Hinrichtung des
Fabius liess nicht nach, bis." Liv. VIII. 35: *liberavit onere consensus populi Romani, ad preces et obtestationem versus, ut sibi
poenam* (i. e. supplicium) *magistri equitum dictator remitteret.* Pro
metu coniicias *minatu:* utraque vox permutatur in libris etiam
cap. 7. 39. *Rogarent* i. e. Fürbitte einlegten. *Romanus (Ro.)*
excidit propter initium seq. *rogarent.*

Cap. II. 1. *ut non)* Ita Petrens., non *ne.* || 2. *minorem qui-
dem, sed)* Ita Petrens. Vulgo om. *sed.* || *correctioris)* Plurimi *cer-
tioris.* Al. *acrioris, acerbioris, exercioris.* Infra 3: *disciplina
correcta.* || 5. *Cyrus)* Totum exemplum eiiciendum esse videtur.

Cap. III. 4. *nec ea)* pro *ne ea* ex Edd. pr. et mss. duobus
restitui. || 6. *praet. stoream)* Ita Graev., Gronov. et Voss. Libri:
praetorea, praeterito rea, praeterito reatu etc. || *aeneum veru)*
Plurimi libri *unicum veru.* Vulg. *ahenum et unicum.* Plutarch.

ὀβελίσκον σιδηροῦν. || 7. *vocabat*) plurimi libri. Oud. *vacabat.* || 15. *provincias*) Libri *provinciam.*

Cap. V. 1. *se*) recepi e Petrens. || 2. *tum cum max.*) Ita lego ex nonnullorum librorum lectione *actam* et *ac tum.* Amat sic loqui noster. || 10. *quae sup. erant*) Ita praeter alios libros Medicei et Edd. vet. Oud. *omniaque superiora.* Cf. I. 5, 15. || 12. *multis*) Oud. e Petrens. *multa.* „Er werde ihnen in vielen Stücken hinderlich sein,“ i. e. viel zu schaffen machen. Valer. Max. VII. 4. 4: *intolerabilibus oneribus civitatem eorum implicanti.* Anceps dictum hominis ancipitis. || 14. *qua occisa*) Revocavi hanc vulg. ex Mediceis. Verba *non dubitavit dare poenam* plurimorum et optimorum librorum auctoritate nituntur: „er trug kein Bedenken, für den Tod des dem Mars geheiligten Vogels zu büssen.“ Ubi semel excidit *nam* (propter praeced. *poenam* similitudinem), quod ipse restitui, librarii intruserunt *ergo.* Oud. edidit: *avem occidit, nec dare p. dubitavit. Nostro ergo ex.* || 15. *Decii*) Gronov., pro *Decius.* || 16. *regendum*) revocavi ex Valer. Max. II. 2, 12: *qua ad regendum equum usus fuerat.* Etiam *morte effugit* restitui ex Valer. || 20. *Casilinates*) Mss. et Edd. *Casilini.* Quum desideretur subiectum, tentaveram: *Casilini qui obsidebantur ab Hannibale* (cf. III. 15, 3), aut: *Casilini obsidione Hannibalis clausi* (cf. Valer. Max. VII. 6, 2: *Eadem Casilinates obsidione Hannibalis clausi*); Oud. *Casilinum obs. H.*, ut III. 14, 2. Quod sequitur *quamquam* restitui, utpote eiectum ob similem vocem seq. *tantam.* || *ducentis*) reposui, pro *centum.* v. Oud. || 21. *patiendam*) Ita plurimi libri, non *patiendum:* ex more Frontini. || 22. *iis*) restitui, ducibus iis libris, e quibus Oud. restituit *Viriatho.* || 23. *praef. foribus*) ut *praefixae fenestrae* apud Caium in Forcell. Lex.

Cap. VI. 1. *Rullus*) Med. et Vat. *Mutius*, al. *Minucius*, al. *Mucius.*

Cap. VII. 1. *dolabris et op.*) Ita scripsi, pro *dolabra id est operibus*, ut in libris legitur. || 5. *se*) exciderat propter seq. *si.* || 6. *universas*) retinui, pro *universos.* Cf. I. 10, 1. || 7. *adiecit*) revocavi e Med. pr. || *Caeditius*) Multi Mss. *Cedius* aut *Caedius.* Vulg. *Caelius.* Cf. Vellei. Pat. II. 20. || 12. *impetu*) Cf. III. 1, 1 (*impetu adgredi*). III. 1, 3. I. 5, 11. Multi libri *Dento, detento, de impetu.* An *de improviso*? Sed vocem *impetu* etiam aliis locis a librariis corruptam deprehendi. || 13. *Laced. in agros*) Sic

emendavi, pro *Lacedaemonem versus*, adiutus codd. Mediceis, in
quibus pro *versus* exaratur *agros*. Sequitur quidem *agrum;* sed
supra 7 se excipiunt: *hostium — hostis — eorum:* in talibus non
elegans est noster. Depopulatio videtur facta esse ex Megaride,
Lacedaemoniis amica. || 17. *eisque obsecutis*) Ita omnes Mss., non
eiusque obsecutos., Explica cum Oud.: cum illi obsecuti essent.
Idem Oud. pro *conditionibus*, quod vulgatur, legit *conditioni*. || 18.
fingens dolum) Haec reponere ausus sum ex bonis libris, qui pro
subigendorum praebent *sub ingens dolum, subigens dolum, subii-
ciens dolum.* || 19. *vicibus*) per vices, in vices. Ovid. *vicibus
factis* (ap. Forcell.). „Abwechselnd, nämlich unter den Soldaten
der einzelnen Schiffe." Cf. Polyaen. II. 7: ἀνὰ μέρος. || *in eam
rem remiges*) Sic emendavi. Vulg. *in ea remigem*. Sed plurimi
libri *in eam*. Bene etiam se haberet: *in ea re remigem*. || 21. *per-
niciem summam*) Ita emendavi pro *perniciosissimum*, quod syn-
taxis non admittit, nisi corrigas *fugam perniciosissimam* (deleto
autem). || 22. *adsist. magistratibus*) hoc restitui pro *militibus*, quod
in libris est. Oppon. omnes Ennenses. || 26. *Cincio*) e Liv. XXVII.
26 restitui, pro *Crispino*. || 27. *sed et*) *et* revocavi ex Petrens. || 29.
armari) pro *armare* recepi ex Petrens. || 30. *fratrem suum*) *suum*
inserui ex Med. pr., qui solus exhibet *suos* (sine *fratrem*). Tum
pro *committeretur* ex octo mss. restitui *committeret*. Oud. corri-
git: *L. Scipio — exhortatus est suos — committerent* (ex Med. pr.).
Miror, quod etiam pro *sententiam* non correxerit *exhortationem*.
Reluctatur universus rerum status. Aeger quidem P. Scipio
Elaeae versabatur (Liv. XXXVII. 37), sed post pugnam Sardes
se confert (Liv. c. 45) ad fratrem; et quamquam Livio consilium
Publii ignotum est, tamen potest fratri dedisse, et hoc ipsum con-
silium (*sententiam*) secutus consul victoriam adeptus est. || 31. *qui
sociorum populus erat*) „Welches Volk zu den Bundesgenossen
gehörte." Vix sana sunt. An: *qui e sociorum populis erant?* An:
qui e sociis populi Romani erant? || *uti*) non *ut*, libri Oud. om-
nes. || 32. *magnif.*) cum Oud. Tum *confunderet* cum Lipsio. De-
nique *suos* ego inserui. Antea legebatur: *scientiâ milites confice-
ret*. || 33. *Semproniumque*) Ita cum Scriv. et Oud., pro vulg. *quoque*,
quod tamen a plurimis libris abest. || 34. *quondam*) ita Med. pr.,
pro *quodam*. || *quod*) aptius videtur, quam *quo*. || *eos*) ex Petrens.
|| *usque*) cum Gronov., pro *undique*. Amat noster *ad — usque*.

Cf. de aquaed. 19. 102. Oud. *hinnitumque*: pro quo melius esset *cum hinnitu.* ‖ 35. *iis*) ego inserui. ‖ 37. *ad se el. secreto*) Non delendum *secreto* (unter vier Augen) cum Lipsio est, sed coniungendum cum *pecunia instruxit.* Petrens. exhibet *arcessitum*, in quo plus inest, quam glossae species; immo et adiuvat meam emendationem et favet meae commutationi vocis *secreto.* ‖ 39. *metu*) Palat. *minatu.* ‖ 42. *milites*) Res et ratio coarguunt, duo exempla in unum coaluisse conniventia librarii, cuius oculi a voce *milites* ad eandem vocem alterius exempli aberraverunt. ‖ 45. *cum*) Ita scripsi (pro *quia*) propter seq. *agnoscerent.*

In libro, quem Frontinus de aquae ductibus urbis Romae reliquit, diligenter examinatis rationibus nihil mutandum esse censui, exceptis iis, quae typothetae culpa in priore mea Editione exstant errata permulta. Sed restat, ut de orthographia, quam vocant, pauca attingam. Quum antea in meo libri de aquae ductibus exemplo vulgatae scribendi rationi addictus fuerim, nunc libros manu scriptos iterum scrutatus, constanter scripsi *cum* (pro *quum*), *causa*, *milia*, *quattuor* (*quadtuor*), *traicere*, *subicere*, *quotiens*, alia, secutus antiquissimum et praestantissimum cod. Cassinensem, cui plerumque adsentiuntur Urbinas et Vaticanus; eidemque rationi in Strategematicon libris nos adiunximus, quia etiam in eorum codicibus non aliter se pluribus locis exaratum deprehendisse testatur Oudendorpius. Ubi scripsi *adnotare*, *adplicare*, *obponere*, *conlocare*, *inlicitus*, *inrogatus*, in his quoque aliisque similibus diligentissime meos codices secutus sum, eandemque rationem etiam in Strategematicon libris, Oudendorpio auctore, plerumque retinere non dubitavi: in iis denique, quibus nimium indulgere mihi videbatur Oudendorpius, quoniam eius codices inspiciendi copia mihi non fuit, ipse et iudicii periculum culpamque praestet.

E m b r i c a e, mense Aprili a. MDCCCLV.

A. Dederich.

SEX. IULII FRONTINI
STRATEGEMATICON LIBRI QUATTUOR.

PRAEFATIO
IN TRES LIBROS PRIORES.

Cum ad instruendam rei militaris scientiam unus ex
numero studiosorum eius accesserim eique destinato, quantum nostra cura valuit, satisfecisse visus sim, deberi adhuc
institutae arbitror operae, ut sollertia ducum facta, quae a
Graecis una strategematicon adpellatione comprehensa sunt,
expeditis amplectar commentariis. Ita enim consilii quoque
et providentiae exemplis succincti duces erunt: unde illis
excogitandi gerendique similia facultas nutriatur; praeterea
continget, ne de eventu trepidet inventionis suae, qui pro-
batis eam experimentis comparabit.

Illud neque ignoro neque inficior etiam, rerum gesta-
rum scriptores indagine operis sui hanc quoque partem esse
complexos; et ab auctoribus, exemplorum quidquid insigne
aliquo modo fuit, traditum. Sed, ut opinor, occupatis velocitate consuli debet: longum est enim, singula et sparsa
per immensum corpus historiarum persequi; et hi, qui nota-
bilia excerpserunt, ipso velut acervo rerum confuderunt le-
gentem. Nostra sedulitas impendet operam, ut, quemadmodum res poscet, ipsum quod exigitur quasi ad interrogatum
exhibeat: circumspectis enim generibus, praeparavi opportuna
exemplorum veluti consilia. Quo magis autem discreta ad
rerum varietatem apte conlocarentur, in tres libros ea diduximus. In primo erunt exempla, quae competant proelio

nondum commisso; in secundo, quae ad proelium et con-
fectam pacationem pertineant; tertius inferendae solvendaeque
obsidionis habebit strategemata: quibus deinceps generibus
suas species adtribui.

Huic labori non iniuste veniam paciscar, ne me pro
incurioso reprehendat, qui praeteritum aliquod a nobis re-
pererit exemplum. Quis enim ad percensenda omnia monu-
menta, quae utraque lingua tradita sunt, sufficiat? Ut multa
transirem, mihi ipse permisi; quod me non sine causa fecisse scient, qui aliorum libros eadem promittentium legerint.
Verum facile erit, sub sua quaeque specie subgerere. Nam
cum hoc opus, sicut cetera, usus potius aliorum, quam
meae commendationis causa adgressus sim, adiuvari me ab
his, qui aliquid illi adstruent, non argui credam.

Si qui erunt, quibus volumina haec cordi sint, memine-
rint, strategematicon et strategematon perquam similem naturam discernere. Nam cum omnia, quae a duce provide,
utiliter, magnifice, constanter fiunt, strategematica habebun-
tur, tum, si in specie eorum sunt, strategemata. Horum
proprie vis in arte sollertiaque posita proficit tam ubi ca-
vendus quam ubi opprimendus hostis sit. Qua in re cum
verborum quoque illustris exstiterit effectus, ut factorum,
ita dictorum exempla posuimus.

SEX. IULII FRONTINI

STRATEGEMATICON LIBER PRIMUS.

Series eorum, quae instruant ducem in his, quae ante
proelium gerenda sunt.

    I. De occultandis consiliis.
    II. De explorandis consiliis hostium.
    III. De constituendo statu belli.
    IV. De transducendo exercitu per loca hosti insessa.

CAPUT I.

DE OCCULTANDIS CONSILIIS.

1. M. Porcius Cato devictas ab se Hispaniae civitates existimabat in tempore rebellaturas fiducia murorum. Scripsit itaque singulis, ut diruerent munimenta, minatus bellum, nisi confestim obtemperassent; epistolasque universis civitatibus eodem die reddi iussit. Unaquaeque urbium sibi soli credidit imperatum. Contumaces conspiratio potuit facere, si omnibus idem denuntiari notum fuisset.

2. Himilco dux Poenorum, ut in Siciliam inopinatus adpelleret classem, non pronuntiavit, quo proficisceretur; sed tabellas, in quibus scriptum erat, quam partem peti vellet, universis gubernatoribus dedit signatas, praecepitque, ne quis legeret, nisi vi tempestatis a cursu praetoriae navis abductus.

3. C. Laelius, ad Syphacem profectus legatus, lectos quosdam ex tribunis et centurionibus per speciem servitutis ac ministerii exploratores secum duxit: ex quibus L. Statorium, quem, quia saepius in eisdem castris fuerat, quidam ex hostibus videbantur agnoscere, occultandae conditionis eius causa baculo ut servum castigavit.

4. Tarquinius Superbus pater, principes Gabinorum interficiendos arbitratus, quia hoc nemini volebat commissum, nihil nuntio respondit, qui ad eum a filio erat missus; tamen virga eminentia papaverum capita, cum forte in horto ambularet, decussit. Nuntius sine responso reversus renuntia-

vit adolescenti Tarquinio, quid agentem patrem vidisset. Ille intellexit, idem esse eminentibus Gabinis faciendum.

5. C. Caesar, quod suspectam habebat Aegyptiorum fidem, per speciem securitatis, inspectione urbis atque operum, ac simul licentioribus conviviis deditus, videri voluit captum sese gratia locorum, ut ad mores Alexandrinos vitamque deficeret: atque inter eam dissimulationem praeparatis subsidiis occupavit Aegyptum.

6. Ventidius Parthico bello adversus Pacorum regem, non ignarus, Channaeum quemdam, natione Cyrresten, ex iis qui socii videbantur, omnia quae apud ipsos agerentur nuntiare Parthis, perfidiam barbari ad utilitates suas convertit. Nam quae maxime fieri cupiebat, ea vereri se ne acciderent, quae timebat, ea ut evenirent optare simulabat. Sollicitus itaque, ne Parthi ante transirent Euphraten, quam sibi supervenirent legiones quas in Cappadocia trans Taurum habebat, studiose cum proditore egit, uti solenni perfidia Parthis suaderet, per Zeugma traicerent exercitum, qua et brevissimum iter est et omisso alveo Euphrates decurrit: namque si illac venirent, adseverabat se opportunitate collium usurum ad eludendos sagittarios; omnia autem vereri, si se infra in patentes campos proiecissent. Inducti hac adfirmatione barbari inferiore itinere per circuitum adduxerunt exercitum; dumque fusiores ripas et ob hoc operosiores pontes iungunt instrumentaque moliuntur, quadraginta amplius dies impenderunt. Quo spatio Ventidius ad contrahendas usus est copias; eisque triduo, antequam Parthus adveniret, receptis, acie commissa vicit Pacorum et interfecit.

7. Mithridates, circumvallante Pompeio, fugam in proximam diem moliens, huius consilii obscurandi causa latius et usque ad adplicitos hosti vallos pabulatus, colloquia quoque cum pluribus avertendae suspicionis causa in posterum constituit; ignes etiam frequentiores per tota castra fieri iussit. Secunda deinde vigilia praeter ipsa hostium castra agmen eduxit.

8. Imperator Caesar Domitianus Augustus Germanicus, cum Germanos, qui in armis erant, vellet obprimere, nec ignoraret maiore bellum molitione inituros, si adventum tanti

ducis praesensissent, profectionem suam censu obtexuit Galliarum. Subito hostibus inopinato bello adfusus, contusa immanium ferocia nationum, provinciis consuluit.

9. Claudius Nero, cum cuperet Hasdrubalem copiasque eius, antequam Hannibali fratri iungerentur, excidi idcircoque festinaret se Livio Salinatori collegae suo, cui bellum mandatum fuerat, parum fidens viribus quae sub ipso erant, adiungere neque tamen discessum suum ab Hannibale, cui obpositus erat, sentiri vellet; decem milia fortissimorum militum delegit praecepitque legatis, quos relinquebat, ut eaedem stationes vigiliaeque agerentur, totidem ignes arderent eademque facies castrorum servaretur, ne quid Hannibal suspicatus auderet adversus paucitatem relictorum. Cum deinde in Umbria occultatis itineribus collegae se iunxisset, vetuit castra ampliari, ne quod signum adventus sui Poeno daret, detractaturo pugnam, si consulum iunctas vires intellexisset. Igitur inscium duplicatis adgressus copiis superavit et velocius omni nuntio rediit ad Hannibalem. Ita ex duobus callidissimis ducibus Poenorum eodem consilio alterum celavit, alterum obpressit.

10. Themistocles exhortans suos ad suscitandos festinanter muros, quos iussu Lacedaemoniorum deiecerant, legatis Lacedaemone missis, qui interpellarent, respondit, venturum se ad diluendam hanc existimationem: et pervenit Lacedaemonem. Ibi simulato morbo aliquantum temporis extraxit; et postquam intellexit suspectam esse tergiversationem suam, contendit falsum ad eos rumorem, et rogavit, ut mitterent aliquos ex principibus, quibus crederent de munitione Athenarum. Suis deinde clam scripsit, ut eos qui venissent retinerent, donec refectis operibus confiteretur Lacedaemoniis, munitas esse Athenas, neque aliter principes eorum redire posse, quam ipse remissus foret. Quod facile praestiterunt Lacedaemonii, ne unius interitum multorum morte pensarent.

11. L. Furius, exercitu producto in locum iniquum, cum constituisset occultare sollicitudinem suam, ne reliqui trepidarent, paullatim se inflectens, tamquam circuitu maiore hostem adgressurus, converso agmine, ignarum rei quae agebatur exercitum incolumem reduxit.

12. Metellus in Hispania interrogatus, quid postera die facturus esset, tunicam meam, si id eloqui posset, inquit, comburerem.

13. M. Licinius Crassus percontanti, quo tempore castra moturus esset, respondit: Vereris, ne tubam non exaudias.

CAPUT II.
DE EXPLORANDIS CONSILIIS HOSTIUM.

1. Scipio Africanus, capta occasione mittendae ad Syphacem legationis, cum Laelio servorum habitu tribunos et centuriones electissimos ire iussit, quibus curae esset perspicere regias vires. Hi, quo liberius castrorum positionem scrutarentur, equum de industria dimissum tamquam fugientem persectati, maximam partem munimentorum circuierunt: quae cum nuntiassent, incendio confectum est bellum.

2. Q. Fabius Maximus bello Etrusco, cum adhuc incognitae forent Romanis ducibus sagaciores explorandi viae, fratrem Fabium Kaesonem, peritum linguae Etruscae, iussit Tusco habitu penetrare Ciminiam silvam, intentatam ante militi nostro. Quod is adeo prudenter atque industrie fecit, ut transgressus silvam Umbros Camertes, cum animadvertisset non alienos nomini Romano, ad societatem compulerit.

3. Carthaginienses, cum animadvertissent Alexandri ita magnas opes, ut Africae quoque immineret, unum ex civibus, virum acrem nomine Hamilcarem Rhodinum, iusserunt simulato exsilio ire ad regem omnique studio in amicitiam eius pervenire: qua is potitus, consilia eius nota civibus suis faciebat.

4. Iidem Carthaginienses miserunt, qui per speciem legatorum longo tempore Romae morarentur exciperentque consilia nostrorum.

5. M. Cato in Hispania, quia ad hostium consilia alia via pervenire non potuerat, iussit trecentos milites simul impetum facere in stationem hostium raptumque unum ex his in castra perferre incolumem. Tortus ille omnia suorum arcana confessus est.

6. C. Marius consul bello Cimbrico et Teutonico, ad excutiendam Gallorum et Ligurum fidem, litteras eis misit, quarum pars prior praecipiebat, ne interiores, quae praesignatae erant, ante certum tempus aperirentur: easdem postea ante praestitutam diem repetiit et, quia resignatas repererat, intellexit hostilia agitari.

[Est et aliud explorandi genus, quo ipsi duces nullo extrinsecus adiutorio per se provident. Sicut]

7. Aemilius Papus consul bello Etrusco apud oppidum Populoniam demissurus exercitum in planiciem, contemplatus procul avium multitudinem crebriore et citatiore volatu ex silva consurrexisse, intellexit aliquid illic insidiarum latere, quod et turbatae aves et plures simul evolaverant. Praemissis igitur exploratoribus comperit, decem milia Boiorum excipiendo ibi Romanorum agmini in itinere imminere, eaque alio, quam exspectabatur, latere missis legionibus circumfudit.

8. Similiter Tisamenus Orestis filius, cum audisset iugum ab hostibus natura munitum teneri, praemisit sciscitaturos, quid rei foret; ac referentibus eis non esse verum, quod opinaretur, ingressus iter ubi vidit ex suspecto iugo magnam vim avium simul evolasse neque omnino residere, arbitratus est latere illic agmen hostium: itaque circumducto exercitu elusit insidiatores.

9. Hasdrubal frater Hannibalis iunctum Livii et Neronis exercitum, quamquam hoc illi non duplicatis castris dissimularent, intellexit, quod ab itinere strigosiores notabat equos et coloratiora hominum, ut ex via, corpora.

CAPUT III.

DE CONSTITUENDO STATU BELLI.

1. Alexander Macedo, cum haberet vehementem exercitum, semper eum statum belli elegit, ut acie confligeret.

2. C. Caesar bello civili cum veteranum exercitum haberet, hostium autem tironem esse sciret, acie semper decertare studuit.

3. Fabius Maximus adversus Hannibalem, successibus proeliorum insolentem, recedere ab ancipiti discrimine et

tueri tantummodo Italiam constituit, Cunctatorisque nomen,
et per hoc summi ducis meruit.

4. Byzantii adversus Philippum omne proeliandi discri-
men evitantes, omissa etiam finium tutela, intra munitiones
oppidi se receperunt, adsecutique sunt, ut Philippus obsidio-
nalis morae impatiens recederet.

5. Hasdrubal, Gisgonis filius, secundo Punico bello in
Hispania victum exercitum, cum P. Scipio instaret, per urbes
divisit. Ita factum est, ut Scipio, ne obpugnatione plurium
oppidorum distringeretur, in hiberna suos reduceret.

6. Themistocles adventante Xerxe, quia neque proelio
pedestri neque finium tutelae neque obsidioni credebat sufficere Athenienses, auctor fuit eis, liberos et coniuges in
Troezena et in alias urbes amandandi relictoque oppido statum belli ad navale proelium transferendi.

7. Idem fecit in eadem civitate Pericles adversum Lacedaemonios.

8. Scipio, manente in Italia Hannibale, transmisso in
Africam exercitu necessitatem Carthaginiensibus imposuit re-
vocandi Hannibalem. Sic a domesticis funeribus hostilem in
terram transtulit bellum.

9. Athenienses, cum Deceliam castellum ipsorum Lacedaemonii communissent, et frequentius vexarentur, classem,
qua Peloponnesum infestarent, miserunt; consecutique sunt,
ut exercitus Lacedaemoniorum, qui erat Deceliae, revocaretur.

10. Imperator Caesar Domitianus Augustus, cum Germani more suo e saltibus et obscuris latebris subinde im-
pugnarent nostros tutumque regressum in profunda silvarum
haberent, limitibus per centum viginti milia passuum actis
non mutavit tantum statum belli, sed et subiecit ditioni suae
hostes, quorum refugia nudaverat.

CAPUT IV.

DE TRANSDUCENDO EXERCITU PER LOCA HOSTI INSESSA.

1. Aemilius Papus consul cum in Lucanis iuxta litus angusto
itinere exercitum duceret, et Tarentini ei classe insidiati ag-

men eius scorpionibus adgressi essent, captivis latera euntium
praetexuit: quorum respectu hostes inhibuere tela.

2. Agesilaus Lacedaemonius cum praeda onustus ex Phry-
gia rediret, insequerenturque hostes et ad locorum opportunitatem lacesserent agmen eius, ordinem captivorum ab
utroque latere exercitus sui explicuit: quibus dum parcitur
ab hoste, spatium transeundi habuerunt Lacedaemonii.

3. Idem, tenentibus angustias Thebanis, per quas trans-
eundum habebat, flexit iter, quasi Thebas contenderet. Exterritis Thebanis digressisque ad tutanda moenia, repetitum
iter, quo destinaverat, emensus est nullo obsistente.

4. Nicostratus dux Aetolorum adversus Epirotas, cum
ei aditus in fines eorum angusti fierent, per alterum locum
irrupturum se ostendens, omni illâ ad prohibendum occurrente
Epirotarum multitudine, reliquit suos paucos, qui speciem
remanentis exercitus praeberent: ipse cum cetera manu, qua
non exspectabatur, aditum intravit.

5. Autophradates Perses cum in Pisidiam exercitum duceret, et angustias quasdam Pisidae occuparent, simulata
vexatione traiciendi, instituit reducere. Quod cum Pisidae
credidissent, ille noctu validissimam manum ad eumdem locum occupandum praemisit ac postero die totum traiecit
exercitum.

6. Philippus Macedonum rex, Graeciam adpetens, cum
Thermopylas occupatas audiret et ad eum legati Aetolorum
venissent acturi de pace, retentis eis, ipse magnis itineribus
ad angustias pertendit, securisque custodibus et legatorum
reditus exspectantibus, inopinatus Thermopylas traiecit.

7. Iphicrates, dux Atheniensium adversus Anaxibium
Lacedaemonium in Hellesponto contra Abydon, cum transdu-
cendum exercitum haberet per loca, quae stationibus hostium
tenebantur, alterum autem latus eius abscisi montes premerent, alterum mare adlueret, aliquamdiu moratus, cum incidisset frigidior solito dies et ob hoc nemini suspectus, delegit firmissimos quosque, quibus oleo ac mero calefactis
praecepit, ipsam oram maris legerent, abruptiora tranarent:
atque ita custodes angustiarum inopinatus obpressit a tergo.

8. Cn. Pompeius cum flumen transire propter obpositum

hostium exercitum non posset, adsidue producere et reducere in castra instituit: deinde, in eamdem persuasionem hoste
perducto, ne ullam viam ad progressum Romanorum tenerent,
repente impetu facto transitum rapuit.

9. Alexander Macedo, prohibente rege Indorum Poro
traici exercitum per flumen Hydaspen, adversus aquam adsidue procurrere iussit suos: et ubi eo more exercitationis
adsecutus est, qui a Poro adversa ripa caveretur, ipse per
superiorem partem subitum transmisit exercitum.

Idem, quia Indi fluminis traiectu prohibebatur ab hoste,
diversis locis in flumine equites instituit immittere et transitum minari; cumque exspectatione barbaros intentos teneret, insulam paulo remotiorem primum exiguo, deinde maiore
praesidio occupavit atque inde in ulteriorem ripam transmisit.
Ad quam manum obprimendam cum universi se hostes effu-
dissent, ipse libero vado transgressus omnes copias con-
iunxit.

10. Xenophon, ulteriorem ripam Armeniis tenentibus,
duos iussit quaeri aditus: et cum a citeriore repulsus esset,
transiit ad superiorem; inde quoque prohibitus hostium oc-
cursu, repetiit vadum inferius: iussaque ibidem militum parte
subsistere, quae, cum Armenii ad inferioris vadi tutelam re-
diissent, per superius transgrederetur, Armenii, credentes
decursuros omnes, decepti sunt a remanentibus.   Hi cum
resistente nullo vadum superassent, transeuntium suorum fuere
propugnatores.

11. Appius Claudius consul primo bello Punico, cum a
Rhegio Messanam traicere militem nequiret, custodientibus
fretum Poenis, sparsit rumorem, quasi bellum iniussu populi
inceptum gerere non posset, classemque in Italiam versus
se agere simulavit.   Digressis deinde Poenis, qui profectioni
eius habuerant fidem, circumactas naves adpulit Siciliae.

12. Lacedaemoniorum duces, cum Syracusas navigare
destinassent et Poenorum dispositam per litus classem time-
rent, decem Punicas naves, quas captivas habebant, veluti
victrices primas iusserunt agi, aut a latere iunctis aut puppe
religatis aliis: qua specie deceptis Poenis transierunt.

13. Philippus, cum angustias maris, quae Cyaneae ad-

pellantur, transnavigare propter Atheniensium classem, quae
opportunitatem loci custodiebat, non posset, scripsit Antipatro
Thraciam rebellare, praesidiis quae ibi reliquerat interfectis;
ut sequeretur omnibus omissis: quae epistolae ut interciperentur ab hoste, curavit. Athenienses, arcana Macedonum
excepisse visi, classem abduxerunt. Philippus nullo prohibente angustias freti liberavit.

Idem, cum Cherronesum, quae iuris Atheniensium erat,
occupare prohiberetur, tenentibus transitum non Byzantiorum
tantum, sed Rhodiorum quoque et Chiorum navibus, conciliavit animos eorum reddendo naves, quas ceperat, quasi
sequestres futuras ordinandae pacis inter se atque Byzantios,
qui causa belli erant: tractaque per magnum tempus postu-
latione, cum industria subinde aliquid iu conditionibus rete-
xeret, classem per idem tempus praeparavit eaque in angustias freti imparato hoste subitus evasit.

14. Chabrias Atheniensis, cum adire portum Samiorum
obstante navali hostium praesidio non posset, paucas e suis
navibus praeter portum missas iussit transire, arbitratus, qui
in statione erant, persecuturos: iisque per hoc consilium
avocatis, nullo obstante portum cum reliqua adeptus est
classe.

CAPUT V.
DE EVADENDO EX LOCIS DIFFICILLIMIS.

1. Q. Sertorius in Hispania, cum a tergo instante hoste
flumen traicere necesse haberet, vallum in ripa eius in modum cavae lunae duxit et oneratum materiis incendit: atque
ita exclusis hostibus flumen libere transgressus est.

2. Similiter Pelopidas Thebanus bello Thessalico transitum quaesivit. Namque castris ampliorem locum supra
ripam complexus, vallum cervulis et alio materiae genere
constructum incendit: dumque ignibus submoventur hostes,
ipse fluvium superavit.

3. Q. Lutatius Catulus, cum a Cimbris pulsus unam spem
salutis haberet, si flumen liberasset, cuius ripam hostes tenebant, in proximo monte copias ostendit, tamquam ibi castra

positurus; ac praecepit suis, ne sarcinas solverent aut onera deponerent, ne quis ab ordinibus signisque discederet; et quo magis persuasionem hostium confirmaret, pauca tabernacula in conspectu erigi iussit ignesque fieri et quosdam vallum struere, quosdam in lignationem, ut conspicerentur, exire: quod Cimbri vere agi existimantes et ipsi castris delegerunt locum; dispersique in proximos agros ad comparanda ea, quae mansuris necessaria sunt, occasionem dederunt Catulo non solum flumen traiciendi, sed etiam castra eorum infestandi.

4. Croesus, cum Halyn vado transire non posset neque navium aut pontis faciendi copiam haberet, fossa superiori e parte post castra deducta, alveum fluminis a tergo exercitus sui reddidit.

5. Cn. Pompeius Brundisii, cum excedere Italia et transferre bellum proposuisset, instante a tergo Caesare conscensurus classem, quasdam obstruxit vias, alias parietibus intersepsit, alias intercidit fossis easque sudibus erectis praeclusas operuit cratibus, humo adgesta; quosdam aditus, qui ad portum ferebant, trabibus transmissis et in densum ordinem structis, ingenti mole tutatus. Quibus perpetratis, ad speciem retinendae urbis raros pro moenibus sagittarios reliquit, ceteras copias sine tumultu ad naves deduxit: navigantem eum mox sagittarii quoque per itinera nota digressi parvis navigiis consecuti sunt.

6. C. Duilius consul in portu Segestano, quem temere intraverat, obiecta ad ingressum catena clausus, universos in puppim retulit milites atque ita resupina navigia magna remigantium vi concitavit. Levatae prorae super catenam processerunt: qua parte superata transgressi cursu milites proras presserunt, in quas versum pondus decursum super catenam dedit navibus.

7. Lysander Lacedaemonius, cum in portu Atheniensium cum tota classe obsideretur, obrutis hostium navibus ab ea parte, qua faucibus angustissimis influit mare, milites suos clam in litus egredi iussit et subiectis rotis naves ad proximum portum Munychiam traiecit.

8. Hirtuleius legatus Sertorii, cum in Hispania inter duos

montes abruptos longum et angustum iter ingressus paucas
duceret cohortes comperissetque ingentem manum hostium adventare, fossam transversam inter montes pressit vallumque
materia exstructum incendit, atque ita intercluso hoste evasit.

9. C. Caesar bello civili, cum adversus Afranium copias
educeret et recipiendi se sine periculo facultatem non haberet, sicut constiterat, prima et secunda acie furtim a tergo
ad opus adplicata, quindecim pedum fossam fecit, intra quam
sub occasum solis armati se milites eius receperunt.

10. Pericles Atheniensis, a Peloponnesiis in eum locum
compulsus, qui undique abruptis cinctus duos tantum exitus
habebat, ab altera parte fossam ingentis latitudinis duxit velut hostis excludendi causa, ab altera limitem agere coepit,
tamquam per eum erupturus. Ii qui obsidebant, cum per
fossam quam ipse fecerat exercitum Periclis non crederent
evasurum, universi a limite obstiterunt. Pericles, pontibus
quos praeparaverat fossae iniectis, suos, qua non resistebatur, emisit.

11. Lysimachus, ex his unus in quos opes Alexandri
transierunt, cum editum collem castris destinasset, impruden-
tia autem suorum in inferiorem deductus vereretur ex superiore hostium incursum, triplices fossas intra vallum obiecit:
deinde subsimilibus fossis circa omnia tentoria ductis tota
castra confodit et, intersepto hostium aditu, simul humo et
frondibus, quas fossis superiecerat, facto ponte, impetu in
superiora evasit.

12. T. Fonteius legatus in Hispania, cum tribus milibus
hominum praedatum profectus locoque iniquo circumventus
ab Hasdrubale, ad primos tantum ordines relato consilio, in-
cipiente nocte, quo tempore minime exspectabatur, per
stationes hostium prorupit.

13. L. Furius, exercitu producto in locum iniquum, cum
constituisset occultare sollicitudinem suam, ne reliqui trepidarent, paullatim inflectit iter, tamquam circuitu maiore hostem
adgressurus; conversoque agmine, ignarum rei quae agebatur exercitum incolumem reduxit.

14. P. Decius, tribunus bello Samnitico, Cornelio Cosso
consuli iniquis locis deprehenso ab hostibus suasit, ut occu-

patum collem, qui erat in propinquo, modicam manum mitteret, seque ducem iis qui mittebantur obtulit.   Avocatus in diversum hostis dimisit consulem, Decium autem cinxit obseditque.   Illas quoque angustias noctu eruptione facta cum eluctatus esset Decius, incolumis cum militibus consuli accessit.

15. Idem fecit sub Atilio Calatino consule is, cuius varie traditur nomen: alii Laberium, nonnulli Q. Caeditium, plurimi Calpurnium Flammam vocitatum scripserunt.   Hic cum demissum in eam vallem videret exercitum, cuius latera omnia superiora hostis insederat, depoposcit et accepit trecentos milites: quos adhortatus, uti virtute sua exercitum servarent, in mediam vallem decucurrit.   Et ad obprimendos eos undique descendit hostis; longoque et aspero proelio retentus occasionem consuli ad extrahendum exercitum dedit.

16. Q. Minucius consul in Liguria, demisso in angustias exercitu cum iam omnibus obversaretur Caudinae cladis exemplum, Numidas auxiliares, tam propter ipsorum quam propter equorum deformitatem despiciendos, iussit adequitare faucibus quae tenebantur.   Primo intenti hostes, si lacesserentur, stationem obiecerunt.   Dein industria Numidae ad augendum sui contemptum labi equis, et per ludibrium spectaculo esse adfectaverunt.   Ad novitatem rei laxatis ordinibus barbari in spectaculum usque resoluti sunt.   Quod ubi animadverterunt Numidae, paullatim succedentes additis calcaribus per intermissas hostium stationes eruperunt: quorum deinde cum proximos irruerent agros, necesse Liguribus fuit avocari ad defendenda sua inclusosque Romanos emittere.

17. L. Sulla, bello sociali apud Aeserniam inter angustias deprehensus, ad exercitum hostium, cui Mutilus praeerat, colloquio petito de conditionibus pacis agitabat sine effectu: hostem tamen propter inducias negligentia resolutum animadvertens, nocte profectus relicto buccinatore, qui vigilias ad fidem remanentium divideret et quarta vigilia commissa consequeretur, incolumes suos cum omnibus impedimentis tormentisque in tuta perduxit.

18. Idem, adversus Archelaum praefectum Mithridatis, in Cappadocia iniquitate locorum et multitudine hostium pressus, fecit pacis mentionem; interpositoque tempore etiam

induciarum et per haec avocata intentione, adversarium evasit.

19. Hasdrubal frater Hannibalis, cum saltum evadere non posset, faucibus eius obsessis, egit cum Claudio Nerone recepitque dimissum se Hispania excessurum. Cavillatus deinde conditionibus, dies aliquot extraxit; quibus omnibus non omisit per angustos tramites et ob id neglectos dimittere per partes exercitum: ipse deinde cum reliquis expeditis facile effugit.

20. Spartacus fossam, qua erat a M. Crasso circumdatus, caesis captivorum pecorumque corporibus noctu replevit et supergressus est.

21. Idem in Vesuvio obsessus, ea parte, qua mons asperrimus erat ideoque incustoditus, ex vimine silvestri catenas conseruit; quibus demissus non solum evasit, verum etiam ex alio latere Clodium ita terruit, ut aliquot cohortes gladiatoribus quattuor et septuaginta cesserint.

22. Idem, cum a P. Varinio proconsule praeclusus esset, palis per modica intervalla fixis ante portam erecta cadavera, adornata veste atque armis, adligavit, ut procul intuentibus stationis species esset, ignibus per tota castra factis. Imagine vana deluso hoste, copias silentio noctis eduxit.

23. Brasidas dux Lacedaemoniorum, circa Amphipolin ab Atheniensium multitudine numero impar deprehensus, claudendum se praestitit, ut per longum coronae ambitum extenuaret hostilem frequentiam: quaque rarissimi obstabant, erupit.

24. Iphicrates in Thracia cum depresso loco castra posuisset, explorasset autem ab hoste proximum teneri collem, ex quo unus ad obprimendos ipsos descensus erat, nocte paucis intra castra relictis imperavit, multos ignes facerent, eductoque exercitu et disposito circa latera praedictae viae, passus est transire barbaros; locorumque iniquitate, in qua ipse fuerat, in illos conversa, parte exercitus terga eorum cecidit, parte castra cepit.

25. Dareus, ut falleret Scythas discessu, canes atque asinos in castris reliquit: quos cum latrantes rudentesque hostis audiret, remanere Dareum credidit.

26. Eumdem errorem obiecturi nostris Silures, per diversa loca buculos laqueis ad arbores adligaverunt, qui de-

ducto frequentiori mugitu speciem remanentium praebebant
hostium.

27. Hanno, ab hostibus clausus, locum eruptioni maxime
aptum adgestis levibus materiis incendit; tum hoste ad ceteros exitus custodiendos avocato, milites per ipsam flammam
eduxit, admonitos ora scutis, crura veste contegere.

28. Hannibal, ut iniquitatem locorum et inopiam instante
Fabio Maximo effugeret, noctu boves, quibus ad cornua
fasciculos adligaverat sarmentorum, subiecto igne dimisit;
cumque ipso motu adolescente flamma turbaretur pecus,
magna discursatione montes, in quos actum erat, collustra-
vit. Romani, qui ad speculandum concurrerant, primo prodigium opinati sunt: deinde cum certa Fabio renuntiassent,
ille de insidiarum metu suos castris continuit; barbari obsistente nullo profecti sunt.

CAPUT VI.

DE INSIDIIS IN ITINERE FACTIS.

1. Fulvius Nobilior, cum ex Samnio in Lucanos exercitum
duceret et cognovisset a perfugis hostes novissimum agmen
eius adgressuros, fortissimam legionem primo ire, ultima sequi
iussit impedimenta. Ita factum pro occasione amplexi hostes
diripere sarcinas coeperunt. Fulvius legionem, de qua supra
dictum est, quinque cohortes in dextram viae partem direxit,
quinque ad sinistram; atque ita praedationi intentos hostes,
explicato per utraque latera milite, clausit cediditque.

2. Idem, hostibus tergum eius in itinere prementibus,
dum flumine interveniente, non ita magno, ut transitum pro-
hiberet, moraretur tamen rapiditate, alteram legionem in
occulto citra flumen collocavit, ut hostes paucitate contempta audacius sequerentur. Quod ubi factum est, legio,
quae ob hoc disposita erat, de insidiis hostem adgressa va-
stavit.

3. Iphicrates in Thraciam cum propter conditionem locorum longum agmen deduceret et nuntiatum ei esset hostes
summum id adgressuros, cohortes in utraque latera secedere
et consistere iussit, ceteros subfugere et iter maturare. Trans-

eunte autem toto agmine lectissimos quosque retinuit: et ita passim circa praedam occupatos hostes, iam etiam fatigatos, ipse requietis et ordinatis suis adgressus fudit exuitque praeda.

4. Boii in silva Litana, qua transiturus erat noster exercitus, succiderant arbores ita, ut ex parte exigua sustentatae starent, donec impellerentur; delituerant deinde ad extremas. Ipsi ubi, ingresso silvam hoste, in proximas ulteriores impulerunt, eo modo propagata pariter supra Romanos ruina, magnam manum eliserunt.

CAPUT VII.

QUEMADMODUM EA, QUIBUS DEFICIMUR, VIDEANTUR NON DEESSE, AUT USUS EORUM EXPLEATUR.

1. L. Caecilius Metellus, quia usu navium, quibus elephantos transportaret, deficiebatur, iunxit dolia constravitque tabulamentis, ac super ea positos per Siculum fretum transmisit.

2. Hannibal, cum in praealti fluminis transitum elephantos non posset compellere, neque navium nec materiarum, quibus rates contexerentur, copiam haberet, iussit ferocissimum elephantum sub aure vulnerari et eum, qui vulnerasset, transnato statim flumine procurrere. Elephantus exasperatus ad persequendum doloris sui auctorem transnavit amnem, et reliquis idem audendi fecit exemplum.

3. Carthaginiensium duces instructuri classem, quia sparto deficiebantur, crinibus tonsarum mulierum ad funes efficiendos usi sunt.

4. Idem Massilienses et Rhodii fecerunt.

5. M. Antonius, a Mutina profugus, cortices pro scutis militibus suis dedit.

6. Spartaco copiisque eius scuta ex vimine fuerunt, quae coriis tegebantur.

7. Non alienus, ut arbitror, hic locus est, referendi factum Alexandri Macedonis illud nobile, qui, per deserta Africae itinera gravissima siti cum exercitu adfectus, oblatam sibi a milite in galea aquam spectantibus universis effudit: utilior exemplo temperantiae, quam si communicare potum voluisset.

CAPUT VIII.

DE DISTRINGENDIS HOSTIBUS.

1. Coriolanus, cum ignominiam damnationis suae bello ulcisceretur, populationem patriciorum agrorum inhibuit, deustis vastatisque plebeiorum, ut discordiam moveret, qua consensus Romanorum distringeretur.

2. Hannibal Fabium, cui neque virtute neque artibus bellandi par erat, ut infamia destringeret, agris eius abstinuit, ceteros populatus. Contra ille, ne suspecta civibus fides esset, magnitudine animi effecit, publicatis possessionibus suis.

3. Fabius Maximus quinto consul cum Gallorum, Umbrorum, Etruscorum Samnitiumque adversus populum Romanum exercitus coissent, contra quos et ipse trans Apenninum in Sentinate castra communiebat, scripsit Fulvio et Postumio, qui praesidio urbi erant, copias ad Asisium moverent. Quibus adsecutis, ad sua defendenda Etrusci Umbrique descenderunt: relictos Samnites Gallosque Fabius et collega Decius adgressi vicerunt.

4. M'. Curius adversus Sabinos, qui ingenti exercitu conscripto relictis finibus suis nostros occupaverant, occultis itineribus manum misit, quae desolatos agros eorum vicosque per diversa incendit. Sabini ad arcendam domesticam vastitatem recesserunt: Curio contigit, et vacuos infestare hostium fines, et exercitum sine proelio avertere sparsumque caedere.

5. T. Didius paucitate suorum diffidens, cum in adventum earum legionum, quas exspectabat, traheret bellum et occurrere eis hostem comperisset, concione advocata aptari iussit milites ad pugnam, ac de industria negligentius custodiri captivos: ex quibus pauci, qui profugerant, nuntiaverunt suis pugnam imminere. At illi, ne suspectione proelii diducerent vires, omiserunt occurrere eis, quibus insidiabantur: legiones tutissime nullo excipiente ad Didium pervenerunt.

6. Bello Punico quaedam civitates, quae a Romanis deficere ad Poenos destinaverant, cum obsides dedissent, quos recipere antequam desciscerent studebant, simulaverunt seditionem inter finitimos ortam, quam Romanorum legati dirimere

deberent, missosque eos velut contraria pignora retinuerunt, nec ante reddiderunt quam ipsi recuperarent suos.

7. Legati Romanorum, cum missi essent ad Antiochum regem, qui secum Hannibalem victis iam Carthaginiensibus habebat consiliumque eius adversus Romanos instruebat, crebris cum Hannibale colloquiis effecerunt, ut is regi fieret suspectus, cui gratissimus alioquin et utilis erat propter calliditatem et peritiam bellandi.

8. Q. Metellus adversus Iugurtham bellum gerens, missos ad se legatos eius corrupit, ut sibi proderent regem: cum et alii venissent, idem fecit: eodem consilio usus est et adversus tertios. Sed de captivitate Iugurthae res parum processit: vivum enim tradi sibi volebat. Plurimum tamen consecutus est: nam cum interceptae fuissent epistolae eius ad regios amicos scriptae, in omnes eos rex animadvertit; spoliatusque consiliis, amicos postea parare non potuit.

9. C. Caesar, cum per exceptum quemdam aquatorem comperisset Afranium Petreiumque castra noctu moturos, ut citra vexationem suorum hostilia impediret consilia, initio statim noctis vasa conclamare milites et praeter adversariorum castra agi mulos cum fremitu et sonum continuare iussit: quo retentos volebat arbitrari, castra ad se Caesarem movere.

10. Scipio Africanus, ad excipienda auxilia cum commeatibus Hannibali venientia, M. Thermum dimisit, ipse subventurus.

11. Dionysius Syracusanorum tyrannus, cum Afri ingenti multitudine traiecturi essent in Siciliam ad eum obpugnandum, castella pluribus locis communiit custodibusque praecepit, ut ea advenienti hosti dederent dimissique Syracusas occulte redirent. Afris necesse fuit capta castella praesidio militum tenere; quos Dionysius, redactos ad quam voluerat paucitatem, paene iam par numero adgressus vicit, cum suos contraxisset et adversarios sparsisset.

12. Agesilaus Lacedaemonius, cum inferret bellum Tissaphernae, Cariam se petere simulavit, quasi aptius locis montuosis adversus hostem equitatu praevalentem pugnaturus. Per hanc consilii ostentationem avocato in Cariam Tissapherne, ipse Lydiam, ubi caput hostium regni erat, irrupit, obpressisque qui illic agebant, pecunia regia potitus est.

2*

CAPUT IX.

DE SEDITIONE MILITUM COMPESCENDA.

1.   C. Marcius Rutilus consul, cum comperisset coniurasse milites in hibernis Campaniae, ut iugulatis hospitibus ipsi res eorum invaderent, rumorem spargit, eos eodem loco et anno post hibernaturos: atque ita coniuratorum consilio turbato Campaniam periculo liberavit et ex occasione nocentes punivit.

2.   L. Sulla, cum legiones civium Romanorum perniciosa seditione furerent, consilio restituit sanitatem efferatis. Propere enim adnuntiari iussit hostem adesse et ad arma vocantium clamorem tolli, signa canere. Discussa seditio est, universis adversus hostem consentientibus.

3.   Cn. Pompeius, trucidato ab exercitu Mediolani senatu, ne tumultum moveret, si solos evocasset nocentes, mixtos eis, qui extra delictum erant, venire iussit. Ita et noxii minore cum metu, quia non segregati, ideoque non ex causa culpae videbantur arcessiri, comparuerunt; et illi, quibus integra erat conscientia, custodiendis quoque nocentibus adtenderunt, ne illorum fuga inquinarentur.

4.   C. Caesar, cum quaedam legiones eius seditionem movissent, adeo ut in perniciem quoque ducis viderentur consurrecturae, dissimulato metu processit ad milites, postulantibusque missionem ultro minaci vultu dedit. Exauctoratos poenitentia coegit satisfacere imperatori obsequentioresque in reliquum operas edere.

CAPUT X.

QUEMADMODUM INTEMPESTIVA POSTULATIO PUGNAE INHIBEATUR.

1.   Q. Sertorius, quod experimento didicerat imparem se universo Romanorum exercitui, ut barbaros quoque inconsulte pugnam exposcentes doceret, adductis in conspectum duobus equis, altero praevalido altero admodum exili, duos admovit iuvenes similiter adfectos, robustum et gracilem: et robustiori imperavit, equo exili universam caudam abrumpere, gracili autem, valentiorem per singula vellere. Cumque gracilis fe-

cisset quod imperatum erat, validissimus cum infirmi equi
cauda sine effectu luctaretur, Naturam, inquit Sertorius, Romanarum cohortium per hoc vobis exemplum ostendi, milites:
insuperabiles sunt universas adgredientibus; easdem lacerabit
et carpet, qui per partes adtentaverit.

2. Idem, cum videret suos pugnae signum inconsulte
flagitantes crederetque rupturos imperium, nisi congrederen-
tur, permisit turmae equitum ad lacessendos hostes ire; labo-
rantique submisit alias, et sic recepit omnes: tum utrisque,
tutis et sine noxa, ostendit, quis exitus flagitatam pugnam
mansisset. Obsequentissimis inde eis usus est.

3. Agesilaus Lacedaemonius, cum adversus Thebanos
castra super ripam posuisset multoque maiorem hostium manum esse intelligeret, et ideo suos arcere a cupiditate decernendi vellet, dixit, responso Deûm se ex collibus pugnare
iussum; et ita exiguo praesidio ad ripam posito accessit in
colles. Quod Thebani pro metu interpretati transierunt flumen;
et cum facile depulissent praesidium, ceteros insecuti avidius,
iniquitate locorum a paucioribus victi sunt.

4. Scorylo dux Dacorum, cum sciret dissociatum armis
civilibus populum Romanum, neque tamen sibi tentandum ar-
bitraretur, quia externo bello posset concordiâ in cives coa-
lescere, duos canes in conspectu popularium commisit iisque acerrime inter ipsos pugnantibus lupum ostendit, quem
protinus canes omissa inter se ira adgressi sunt. Quo exemplo
prohibuit barbaros ab impetu, Romanis profuturo.

CAPUT XI.

QUEMADMODUM INCITANDUS SIT AD PROELIUM EXERCITUS.

1. M. Fabius et Cn. Manlius consules adversus Etruscos, propter seditiones detractante proelium exercitu, ultro
simularunt cunctationem, donec milites probris hostium coacti
pugnam deposcerent iurarentque se ex ea victores redituros.

2. Fulvius Nobilior, cum adversus Samnitium numerosum
exercitum et successibus tumidum parvis copiis necesse haberet
decertare, simulavit unam legionem hostium a se corruptam
ad proditionem, imperavitque ad eius rei fidem tribunis et

primis ordinibus et centurionibus, quantum quisque numeratae
pecuniae aut auri argentique haberet, conferret, ut repraesentari merces proditoribus posset; se autem his, qui contulissent, pollicitus est consummata victoria ampla insuper
praemia daturum. Quae sui persuasio Romanis alacritatem
adtulit et fiduciam: unde etiam praeclara victoria, commisso
statim bello, patrata est.

3. C. Caesar, adversus Germanos et Ariovistum pugnaturus, confusis suorum animis pro concione dixit, nullius se
eo die opera nisi decimae legionis usurum: quo consecutus est,
ut decimani tamquam praecipuae fortitudinis testimonio eniterentur, et ceteri pudore, ne penes alios gloria virtutis esset.

4. Q. Fabius, qui egregie sciebat, et Romanos eius
esse libertatis, quae contumelia exasperaretur, et a Poenis
nihil iustum aut moderatum exspectabat, misit legatos Carthaginem de conditionibus pacis: quas cum illi iniquitatis et insolentiae plenas retulissent, exercitus Romanorum ad pugnandum concitatus est.

5. Agesilaus Lacedaemoniorum dux, cum prope ab Orchomeno socia civitate castra haberet comperissetque, plerosque ex militibus pretiosissima rerum deponere intra munimenta, praecepit oppidanis, ne quid ad exercitum suum pertinens reciperetur, quo ardentius dimicaret miles, qui sciret
sibi pro omnibus suis pugnandum.

6. Epaminondas dux Thebanorum, adversus Lacedaemonios dimicaturus, ut non solum viribus milites sui, verum
etiam adfectibus adiuvarentur, pronuntiavit in concione, destinatum Lacedaemoniis, si victoria potirentur, omnes virilis
sexus interficere, uxoribus autem eorum et liberis in servitutem abductis Thebas diruere: qua denuntiatione concitati
primo impetu Thebani Lacedaemonios expugnaverunt.

7. Leutychidas dux Lacedaemoniorum, pugnaturus eodem die classe, quo terra vicerant socii, quamvis ignarus
actae rei, vulgavit nuntiatam sibi victoriam partium, quo constantiores ad pugnam milites haberet.

8. A. Postumius proelio, quo cum Latinis conflixit, oblata
specie duorum in equis iuvenum, animos suorum erexit, Pollucem et Castorem adesse dicens, ac sic proelium restituit.

9. Archidamus Lacedaemonius, adversus Arcadas bellum gerens aram in castris statuit et circa eam duos duci equos noctu clam imperavit: quorum vestigia mane, tamquam Castor et Pollux perequitassent, ostendens, adfuturos eosdem ipsis proeliantibus persuasit.

10. Pericles dux Atheniensium, initurus proelium cum animadvertisset lucum, ex quo utraque acies conspici poterat, densissimae opacitatis, vastum alioquin et Diti patri sacrum, ingentis illic staturae hominem, altissimis cothurnis et veste purpurea ac coma venerabilem, in curru candidorum equorum sublimem constituit, qui dato signo pugnae proveheretur et, voce Periclem nomine adpellans, cohortaretur eum diceretque, Deos Atheniensibus adesse: quo paene ante coniectum teli hostes terga verterunt.

11. L. Sulla, quo paratiorem militem ad pugnandum haberet, praedici sibi a Diis futura simulavit. Postremo etiam in conspectu exercitus, priusquam in aciem descenderet, signum modicae amplitudinis, quod Delphis sustulerat, orabat petebatque, promissam victoriam maturaret.

12. C. Marius sagam quamdam ex Syria habuit, a qua se dimicationum eventus praediscere simulabat.

13. Q. Sertorius, cum barbaro et rationis indocili milite uteretur, cervam candidam insignis formae per Lusitaniam ducebat et ab ea, quae agenda aut vitanda essent, praenoscere se adseverabat; ut barbari ad omnia tamquam divinitus imperata obedirent.

Hoc genere strategematon non ea tantum parte utendum est, qua imperitos existimabimus esse, apud quos his utemur, sed multo magis ea, qua talia erunt, quae excogitabuntur, ut a Diis monstrata credantur.

14. Alexander Macedo sacrificaturus inscripsit medicamento aruspicis manum, quam ille extis erat subpositurus. Litterae significabant, victoriam Alexandro dari: quas cum iecur calidum rapuisset et a rege militi esset ostensum, auxit animum, tamquam Deo spondente victoriam.

15. Idem fecit Sudines aruspex, proelium Eumene cum Gallis commissuro.

16. Epaminondas Thebanus, adversus Lacedaemonios

fiduciam suorum religione adiuvandam ratus, arma, quae ornamentis adfixa in templis erant, nocte subtraxit persuasitque militibus, Deos iter suum sequi, ut proeliantibus ipsis adessent.

17. Agesilaus Lacedaemonius, cum quosdam Persarum cepisset, quorum habitus multum terroris praefert quotiens veste tegitur, nudatos militibus suis ostendit, ut alba corpora et umbratica contemnerent.

18. Gelo Syracusanorum tyrannus, bello adversus Poenos suscepto cum multos cepisset, infirmissimum quemque praecipue ex auxiliaribus, qui nigerrimi erant, nudatum in conspectum suorum produxit, ut persuaderet contemnendos.

19. Cyrus rex Persarum, ut concitaret animos popularium, tota die in excidenda quadam silva eos fatigavit; deinde postridie praestitit eis liberalissimas epulas et interrogavit, utro magis gauderent. Cumque ei praesentia probassent, Atqui per haec, inquit, ad illa perveniendum est; nam liberi beatique esse, nisi Medos viceritis, non potestis. Atque ita eos ad cupiditatem proelii concitavit.

20. L. Sulla, quia adversus Archelaum, praefectum Mithridatis, apud Piraeea pigrioribus ad proelium militibus utebatur, opere eos fatigando compulit ad poscendum ultro pugnae signum.

21. Fabius Maximus veritus, ne qua fiducia navium, ad quas refugium erat, minus constanter pugnaret exercitus, incendi eas, priusquam iniret proelium, iussit.

CAPUT XII.

DE DISSOLVENDO METU, QUEM MILITES EX ADVERSIS CONCEPERINT OMINIBUS.

1. Scipio, ex Italia in Africam transportato exercitu, cum egrediens navem prolapsus esset et ob hoc adtonitos milites cerneret, id, quod trepidationem adferebat, constantia et magnitudine animi in hortationem convertit et, Ludite, inquit, milites, Africam obpressi.

2. C. Caesar, cum forte conscendens navem lapsus esset, Teneo te, terra mater, inquit. Qua interpretatione effe-

cit, ut repetiturus illas, a quibus proficiscebatur, terras videretur.

3. P. Sempronius Sophus consul, acie adversus Picentes directa, cum subitus terrae motus utrasque partes confudisset, exhortatione confirmavit suos et impulit, ut consternatum superstitione invaderent hostem, adortusque devicit.

4. Sertorius, cum equitum scuta extrinsecus equorumque pectora cruenta subito prodigio adparuissent, victoriam portendi interpretatus est, quoniam illae partes solerent hostili cruore respergi.

5. Epaminondas Thebanus, contristatis militibus, quod ex hasta eius ornamentum, infulae more dependens, ventus ablatum in sepulcrum Lacedaemonii cuiusdam depulerat, Nolite, inquit, milites, trepidare: Lacedaemoniis significatur interitus; sepulcra enim muneribus ornantur.

6. Idem, cum fax de coelo nocte delapsa eos, qui adverterunt, terruisset, Lumen, inquit, hoc numina ostendunt.

7. Idem, instante adversus Lacedaemonios pugna cum sedile, in quo resederat, succubuisset et id vulgo pro tristi exciperetur significatione et sic confusi milites interpretarentur, Immo, inquit, vetamur sedere.

8. C. Sulpicius Gallus defectum lunae imminente nocte, ne pro ostento exciperent milites, praedixit futurum, additis rationibus causisque defectionis.

9. Agathocles Syracusanus, adversus Poenos simili eiusdem sideris deminutione quia sub diem pugnae, ut prodigio, milites sui consternati erant, ratione qua id acciderit exposita docuit, quidquid illud foret, ad rerum naturam non ad ipsorum propositum pertinere.

10. Pericles, cum in castra eius fulmen decidisset terruissetque milites, advocata concione lapidibus in conspectu omnium collisis ignem excussit sedavitque conturbationem, cum docuisset similiter nubium adtritu excuti fulmen.

11. Timotheus Atheniensis, adversus Corcyraeos navali proelio decertaturus, gubernatori suo, qui proficiscenti iam classi signum receptui coeperat dare, quia ex remigibus quemdam sternutantem audierat, Miraris, inquit, ex tot milibus unum perfrixisse?

12. Chabrias Atheniensis classe dimicaturus, excusso ante navem ipsius fulmine, exterritis per tale prodigium militibus Nunc, inquit, potissimum ineunda pugna est, cum Deorum maximus Iupiter adesse numen suum classi nostrae ostendit.

SEX. IULII FRONTINI

STRATEGEMATICON LIBER SECUNDUS.

PRAEFATIO.

Dispositis primo libro exemplis instructuris, ut mea fert opinia, ducem in his, quae ante commissum proelium agenda sunt, deinceps reddemus pertinentia ad ea, quae in ipso proelio agi solent, et deinde ea, quae post proelium.

Eorum, quae ad proelium pertinent, species sunt:

I.   De tempore ad pugnam eligendo.
II.   De loco ad pugnam eligendo.
III. De acie ordinanda.
IV. De acie hostium turbanda.
V.   De insidiis.
VI. De emittendo hoste, ne clausus proelium ex desperatione redintegret.
VII. De dissimulandis adversis.
VIII. De restituenda per constantiam acie.

Eorum deinde, quae post proelium agenda sunt, has esse species existimaverim.

IX.   Si res prospere cesserit, de consummandis reliquiis belli.
X.   Si res durius cesserit, de adversis emendandis.
XI.   De dubiorum animis in fide retinendis.
XII. Quae facienda sint pro castris, si satis fiduciae in praesentibus copiis non habeamus.
XIII. De effugiendo.

CAPUT I.

DE TEMPORE AD PUGNAM ELIGENDO.

1. P. Scipio iu Hispania cum comperisset Hasdrubalem Poenorum ducem ieiuno exercitu mane processisse in aciem, continuit in horam septimam suos, quibus praeceperat, ut quiescerent et cibum caperent: cumque hostes inedia, siti, mora sub armis fatigati repetere castra coepissent, subito copias eduxit et commisso proelio vicit.

2. Metellus Pius in Hispania adversus Hirtuleium, cum ille oriente protinus die instructam aciem vallo eius admovisset fervidissimo tunc anni tempore, intra castra suos continuit in horam diei sextam, atque ita fatigatos aestu facile integris et recentibus suorum vicit viribus.

3. Idem, iunctis cum Pompeio castris adversus Sertorium in Hispania, cum saepe instruxisset aciem, hoste qui imparem se duobus credebat pugnam detractante, quodam deinde tempore Sertorianos milites animadvertisset magno impetu instinctos, deposcentes pugnam humerosque exserentes et lanceas vibrantes, existimavit ardori cedendum in tempore, recepitque exercitum, et Pompeio idem faciendi auctor fuit.

4. Postumius consul in Sicilia, cum castra eius a Punicis trium milium passuum spatio distarent, et dictatores Carthaginiensium quotidie ante ipsa munimenta Romanorum dirigerent aciem, exigua manu levibus adsidue proeliis pro vallo resistebat. Quam consuetudinem contemnente iam Poeno, reliquis omnibus per quietem intra vallum praeparatis ex more pristino, cum paucis sustentavit incursum adversariorum ac solito diutius detinuit: quibus fatigatis post sextam horam et iam se recipientibus, et cum inedia quoque laborarent, per recentes suos hostem, quem praedicta profligaverant incommoda, fugavit.

5. Iphicrates Atheniensis, qui exploraverat eodem adsidue tempore hostes cibum capere, maturius vesci suos iussit et eduxit in aciem, adgressusque hostem ita detinuit, ut ei neque confligendi neque abeundi daret facultatem. Inclinato deinde iam die reduxit suos et nihilominus in armis retinuit. Fatigati hostes non statione magis quam inedia, statim

ad corporis curam et cibum capiendum festinaverunt. Iphicrates rursus eduxit et incompositi hostis adgressus est castra.

6.   Idem, cum adversus Lacedaemonios pluribus diebus castra comminus haberet, et' utraque pars certis temporibus adsidue pabulatum lignatumque procederet, quodam die militum habitu servos lixasque dimisit ad munera, milites retinuit; et cum hostes dispersi essent ad similia munera, expugnavit castra eorum inermesque, cum fasciculis passim ad tumultum recurrentes, facile aut cecidit aut cepit.

7.   Virginius consul in Volscis, cum procurrere hostes effusos ex longinquo vidisset, quiescere suos ac defixa tenere pila iussit: tunc anhelantem integris viribus exercitus sui adgressus avertit.

8.   Fabius Maximus, non ignarus, Gallos et Samnites primo impetu praevalere, suorum autem infatigabiles spiritus inter moras decertandi etiam incalescere, imperavit militibus, contenti essent primo congressu sustinere, ut hostem mora fatigarent: quod ubi successit, admoto etiam praesidio suis, in prima acie universis viribus obpressum fudit hostem.

9.   Philippus ad Chaeroniam, memor, sibi esse militem longo usu duratum, Atheniensibus acrem quidem sed inexercitatum et impetu tantum violentum, ex industria proelium traxit; moxque languentibus iam Atheniensibus, concitatius intulit signa et ipsos cecidit.

10.   Lacedaemonii certiores ab exploratoribus facti, Messenios in eam exarsisse rabiem, ut in proelium cum coniugibus ac liberis descenderent, pugnam distulerunt.

11.   C. Caesar bello civili, cum exercitum Afranii et Petreii circumvallatum siti angeret, isque ob hoc exasperatus interfectis omnibus impedimentis ad pugnam descendisset, continuit suos, arbitratus alienum dimicationi tempus, quo adversarios et ira et desperatio incenderat.

12.   Cn. Pompeius, fugientem Mithridatem cupiens ad proelium compellere, elegit tempus dimicationi nocturnum, ut adeunti se obponeret; atque ita praeparatus subitam hostibus necessitatem decernendi iniecit. Praeterea sic constituit aciem, ut Ponticorum quidem oculos adversa luna praestringeret, suis autem illustrem et conspicuum praeberet hostem.

13. Iugurtham autem constat, memorem virtutis Romanorum, semper inclinato die committere proelia solitum, ut, si fugarentur sui, opportunam noctem haberent ad delitescendum.

14. Lucullus adversus Mithridatem et Tigranem in Armenia maiore apud Tigranocertam, cum ipse non amplius quindecim milia armatorum haberet, hostis autem innumerabilem multitudinem eoque ipso inhabilem, usus hoc eius incommodo nondum ordinatam·hostium aciem invasit atque ita protinus dissipavit, ut ipsi quoque reges abiectis insignibus fugerent.

15. Ti. Claudius Nero adversus Pannonios, cum barbari feroces in aciem oriente statim die processissent, continuit suos passusque est, hostem nebula et imbribus, qui forte illo die crebri erant, verberari; ac demum, ubi fessum stando pluviâ non solum sed et lassitudine deficere animadvertit, signo dato adortus superavit.

16. C. Caesar in Gallia, quia compererat, Ariovisto Germanorum regi institutum et quasi legem esse militibus non pugnandi decrescente. luna, tum potissimum acie commissa impeditos religione hostes vicit.

17. Divus Augustus Vespasianus Iudaeos Saturni die, quo eis nefas est quidquam seriae rei agere, adortus superavit.

18. Lysander Lacedaemonius adversus Athenienses apud Aegospotamos instituit certo tempore infestari naves Atheniensium, deinde revocare classem. Ea re in consuetudinem perducta, cum Athenienses post digressum eius ad contrahendas copias dispergerentur, extendit ex consuetudine classem et recepit: tum hostium maxima parte ex more dilapsa, reliquos adortus cecidit et universas naves. cepit.

CAPUT II.

DE LOCO AD PUGNAM ELIGENDO.

1. M'. Curius, quia phalangi regis Pyrrhi explicitae resisti non posse animadvertebat, dedit operam, ut in angustiis confligeret, ubi conferta sibi ipsa esset impedimento.

2. Cn. Pompeius in Cappadocia elegit castris locum
editum; unde, adiuvante proclivo impetum militum, facile
ipso decursu Mithridatem superavit.

3. C. Caesar, adversus Pharnacem Mithridatis filium
dimicaturus, in colle instruxit aciem; quae res expeditam ei
fecit victoriam: nam pila, ex edito in subeuntes barbaros
emissa, protinus eos averterunt.

4. Lucullus, adversus Mithridatem et Tigranem in Armenia maiore apud Tigranocertam dimicaturus, collis proximi
planum verticem raptim cum copiarum parte adeptus, in sub-
iectos hostes decucurrit et equitatum eorum a latere invasit,
aversumque et eorumdem partem peditum proturbantem insecutus, clarissimam victoriam retulit.

5. Ventidius adversus Parthos non ante militem eduxit,
quam illi quingentis non amplius passibus abessent; atque ita
procursione subita adeo se admovit, ut sagittas, quibus ex
longinquo usus est, comminus adplicitus eluderet: quo consilio, quia quamdam fiduciae etiam speciem ostentaverat, ce-
leriter barbaros debellavit.

6. Hannibal, apud Numistronem contra Marcellum pugnaturus, cavas et praeruptas vias obiecit a latere; ipsaque
loci natura pro munimentis usus, clarissimum ducem vicit.

7. Idem apud Cannas, cum comperisset, Volturno (vento)
Vergellum amnem ultra reliquorum naturam fluminum ingen-
tes auras mane profflare, quae arenarum et pulveris vertices
agerent, sic direxit aciem, ut tota vis a tergo suis, Romanis in ora et oculos incideret. Quibus incommodis mire hosti
adversantibus, illam memorabilem adeptus est victoriam.

8. Marius, adversus Cimbros et Teutonos constituta
die pugnaturus, firmatum cibo militem ante castra conlocavit, ut per aliquantum spatii, quo adversarii dirimebantur,
exercitus hostium potius labore itineris profligaretur: fatiga-
tioni deinde eorum incommodum aliud obiecit, ita ordinata
acie, ut adverso sole et vento et pulvere barbarorum occu-
paretur exercitus.

9. Cleomenes Lacedaemonius adversus Hippiam Athe-
niensem, qui equitatu praevalebat, planiciem, in qua dimicaturus erat, arboribus prostratis impedivit et iuviam equiti fecit.

STRATEGEMATICON LIB. II. CAP. II.

10. Iberi in Africa, ingenti hostium multitudine excepti timentesque, ne circuirentur, adplicuerunt se flumini, quod altis in ea regione ripis profluebat: qui ita a tergo amne defensi et subinde, cum virtute praestarent, incursando in proximos omnem hostium exercitum straverunt.

11. Xanthippus Lacedaemonius sola loci commutatione fortunam Punici belli convertit. Nam cum, a desperantibus iam Carthaginiensibus mercede sollicitatus, auimadvertisset Afros quidem, qui equitatu et elephantis praestabant, colles sectari, a Romanis autem, quorum robur in pedite erat, campestria teneri, Poenos in plana deduxit: ubi, per elephantos dissipatis ordinibus Romanorum, sparsos per Numidas persecutus, eorum exercitum fudit, in illam diem terra marique victorem.

12. Epaminondas dux Thebanorum, adversus Lacedaemonios directurus aciem, pro fronte eius decurrere equitibus iussis, cum ingentem pulverem oculis hostium obiecisset exspectationemque equestris certaminis praetendisset, circumducto pedite ab ea parte, ex qua decursus in aversam hostium aciem ferebat, inopinantium terga adortus cecidit.

13. Lacedaemonii trecenti contra innumerabilem multitudinem Persarum Thermopylas occupaverunt, quarum augustiae non amplius, quam parem numerum comminus pugnaturum poterant admittere; eaque ratione, quantum ad congressus facultatem, aequati numero barbarorum, virtute autem praestantes, magnam eorum partem ceciderunt: nec superati forent, nisi per proditorem Ephialten Trachinium circumductus hostis a tergo eos obpressisset.

14. Themistocles dux Atheniensium, cum videret utilissimum Graeciae adversus multitudinem Xerxis navium in angustiis Salaminiis decernere idque persuadere civibus non posset, sollertia effecit, ut a barbaris ad utilitates suas Graeci compellerentur. Simulata namque proditione misit ad Xerxen qui indicaret, populares suos de fuga cogitare difficilioremque ei rem futuram, si singulas civitates obsidione adgrederetur. Qua ratione effecit, ut exercitus barbarorum primum inquietaretur, cum tota nocte in statione custodiae essent; deinde, ut sui mane integris viribus cum barbaris vi-

gilia marcentibus confligerent, loco ut voluerat arto, in quo
Xerxes multitudine qua praestabat uti non posset.

CAPUT III.

DE ACIE ORDINANDA.

1. Cn. Scipio in Hispania adversus Hannonem ad oppidum Indibilis (regis), cum animadvertisset Punicam aciem ita
directam, ut in dextro cornu Hispani constituerentur, robu-
stus quidem miles sed qui alienum negotium ageret, in sinistro autem Afri, miles viribus infirmior sed animi constan-
tioris, reducto sinistro latere suorum, dextro cornu, quod
validissimis militibus exstruxerat, obliqua acie cum hoste conflixit: deinde, fusis fugatisque Afris, Hispanos, qui in re-
cessu spectantium more steterant, facile in deditionem compulit.

2. Philippus Macedonum rex, adversus Illyrios bellum
gerens, ut animadvertit frontem hostium stipatam electis de
toto exercitu viris, latera autem infirmiora, fortissimis suorum in dextro cornu conlocatis, sinistrum latus hostium invasit turbataque tota acie victoriam profligavit.

3. Pammenes Thebanus, conspecta Persarum acie, quae
robustissimas copias in dextro cornu conlocatas habebat, simili ratione et ipse suos ordinavit omnemque equitatum et
fortissimum quemque peditum in dextro cornu, infirmissimos
autem contra fortissimos hostium posuit praecepitque, ut ad
primum impetum eorum sibi fuga consulerent et in silvestria
confragosaque loca se reciperent. Ita frustrato robore exercitus, ipse optima parte virium suarum totam circuit aciem
hostium et avertit.

4. P. Cornelius Scipio, cui postea Africano cognomen
fuit, adversus Hasdrubalem Poenorum ducem in Hispania
bellum gerens, ita per continuos dies ordinatum produxit
exercitum, ut media acies fortissimis fundaretur. Sed cum
hostes quoque eadem ratione adsidue ordinati procederent,
Scipio eo die, quo statuerat decernere, commutavit instruc-
tionis ordinem, et firmissimos milites legionarios in cornibus conlocavit ac levem armaturam in media acie, sed re-

tractam. Ita cornibus, quibus ipse praevalebat, infirmissi-
mas hostium partes lunata acie adgressus facile fudit.

5. Metellus in Hispania, eo proelio quo Hirtuleium devicit, cum comperisset cohortes eius, quae validissimae vo-
cabantur, in media acie locatas, ipse mediam suorum aciem
reduxit, ne ea parte ante cum hoste confligeret, quam cornibus conflictatus medios undique circumvenisset.

6. Artaxerxes adversus Graecos, qui Persida intrave-
rant, cum multitudine superaret, latius quam hostes acie
instructa, in fronte equitem levemque armaturam in cornibus
conlocavit atque, ex industria lentius procedente media acie,
copias hostium cinxit ceciditque.

7. Contra Hannibal ad Cannas reductis cornibus pro-
ductaque media acie nostros primo impetu protrusit. Idem
conserto proelio, paullatim invicem sinuantibus procedenti-
busque ad praeceptum cornibus, avide insequentem hostem
in mediam aciem suam recepit et ex utraque parte compres-
sum cecidit, veterano et diu edocto usus exercitu: hoc enim
genus ordinationis exsequi, nisi peritus et ad omne momentum respondens miles, vix potest.

8. Livius Salinator et Claudius Nero, cum Hasdrubal
bello Punico secundo, decertandi necessitatem evitans, in
colle confragoso post vineas aciem direxisset, ipsi, diductis
in latera viribus, vacua fronte ex utraque parte circumvene-
runt eum atque ita adgressi superaverunt.

9. Hannibal, cum frequentibus proeliis a Claudio Marcello superaretur, novissime sic castra metabatur, ut aut montibus aut paludibus aut simili locorum aliqua opportunitate adiutus aciem eo modo conlocaret, ut, vincentibus quidem Romanis, paene indemnem recipere posset intra munimenta exercitum, cedentibus autem, instandi liberum haberet arbitrium.

10. Xanthippus Lacedaemonius in Africa adversus M.
Atilium Regulum levem armaturam in prima acie conlocavit,
in subsidio autem robur exercitus; praecepitque auxiliaribus,
ut excussis telis cederent hosti et, cum se intra suorum
ordines recepissent, confestim in latera discurrerent et a cornibus rursus erumperent exceptumque iam hostem a robustio-
ribus et ipsi circuirent.

11. Sertorius idem in Hispania adversus Pompeium fecit.

12. Cleandridas Lacedaemonius adversus Lucanos densam instruxit aciem, ut longe minoris exercitus speciem praeberet. Securis deinde hostibus, in ipso certamine diduxit ordines et a lateribus circumventos eos fudit.

13. Gastron Lacedaemonius, cum auxilio Aegyptiis adversus Persas venisset et sciret, firmiorem esse Graecum militem magisque a Persis timeri, commutatis armis Graecos in prima posuit acie, et cum illi aequo Marte pugnarent, submisit Aegyptiorum manum. Persae cum Graecis, quos Aegyptios opinabantur, restitissent, superveniente multitudine, quam ut Graecorum expaverant, cesserunt.

14. Cn. Pompeius in Albania, quia hostes innumero equitatu praevalebant, pedites suos iuxta collem in angustiis protegere galeas, ne fulgore earum conspicui fierent, iussit, equites deinde in aequum procedere ac velut praetendere peditibus; praecepitque eis, ut ad primum impetum hostium refugerent et, simul ad pedites ventum esset, in latera discederent. Quod ubi explicitum est, patefacto loco subita peditum consurrexit acies invectosque temere hostes inopinato interfusa proelio cecidit.

15. M. Antonius adversus Parthos, qui infinita multitudine sagittarum exercitum eius obruebant, subsidere suos et testudinem facere iussit; supra quam transmissis sagittis sine militum noxa exhaustus est hostis.

16. Hannibal adversus Scipionem in Africa, cum haberet exercitum ex Poenis et auxiliaribus, quorum pars non solum ex diversis populis, sed etiam ex Italicis constabat, post elephantos octoginta, qui in prima fronte positi hostium turbarent aciem, auxiliares Gallos et Ligures et Baleares Maurosque posuit, ut fugere non possent, Poenis a tergo stantibus, et hostem obpositi si non infestarent, at certe fatigarent: tum suis et Macedonibus, qui iam fessos Romanos integri exciperent, in secunda acie conlocatis, novissimos Italicos constituit, quorum et timebat fidem et segnitiem verebatur, quoniam plerosque eorum ab Italia invitos extraxerat. Scipio adversus hanc formam robur legionis triplici acie in fronte ordinatum per hastatos et principes et triarios obpo-

suit: nec continuas construxit cohortes, sed manipulis inter se distantibus spatium dedit, per quod elephanti ab hostibus acti facile transmitti sine perturbatione ordinum possent. Ea ipsa intervalla expeditis velitibus implevit, ne interluceret acies, dato iis praecepto, ut ad impetum elephantorum vel retro vel in latera concederent. Equitatum deinde in cornua divisit et sinistro Romanis equitibus Laelium, dextro Numidis Masinissam praeposuit. Quae tam prudens ordinatio non dubie causa victoriae fuit.

17. Archelaus adversus L. Sullam in fronte ad perturbandum hostem falcatas quadrigas locavit, in secunda acie phalangem Macedonicam, in tertia Romanorum more armatos auxiliares, mixtis fugitivis Italicae gentis, quorum pervicaciae plurimum fidebat; levem armaturam in ultimo statuit: in utroque dein latere equitatum, cuius amplum numerum habebat, circueundi hostis causa posuit. Contra haec Sulla fossas amplae latitudinis in utroque latere duxit et in capitibus earum castella communiit; qua ratione, ne circuiretur ab hoste, et peditum numero et maxime equitatu superante, consecutus est. Triplicem deinde peditum aciem ordinavit relictis intervallis per levem armaturam et equitem, quem in novissimo conlocaverat, ut, cum res exegisset, emitteret. Tum postsignanis qui in secunda acie erant imperavit, ut densos innumerosque palos firme in terram defigerent, intraque eos, adpropinquantibus quadrigis, antesignanorum aciem recepit: tum demum, sublato universorum clamore, velites et levem armaturam ingerere tela iussit. Quibus factis quadrigae hostium, aut implicitae palis aut exterritae clamore telisque, in suos conversae sunt turbaveruntque Macedonum instructuram: qua cedente, cum Sulla staret et Archelaus equitem obposuisset, Romani equites subito emissi averterunt eos consummaruntque victoriam.

18. C. Caesar Gallorum falcatas quadrigas eadem ratione palis defixis excepit inhibuitque.

19. Alexander ad Arbela, cum hostium multitudinem vereretur, virtuti autem suorum fideret, aciem in omnem partem spectantem ordinavit, ut circumventi undique pugnare possent.

20. Paullus adversus Persen Macedonum regem, cum is phalangem suorum duplicem mediam in partem direxisset eamque levi armatura cinxisset et equitem in utroque cornu conlocasset, triplicem aciem cuneis instruxit, inter quos velites subinde emisit. Quo genere cum profligari nihil videret, cedere instituit, ut hac simulatione perduceret hostes in confragosa loca, quae ex industria captaverat. Cum sic quoque, suspecta calliditate recedentium, ordinata sequeretur phalanx, equites a sinistro cornu praeter ora phalangis iussit transcurrere citatis equis actos, ut obiectis armis ipso impetu praefringerent hostium spicula: quo genere telorum exarmati Macedones solverunt aciem et terga verterunt.

21. Pyrrhus pro Tarentinis, apud Asculum, secundum Homericum versum quo pessimi in medium recipiuntur, dextro cornu Samnitas Epirotasque, sinistro Bruttios atque Lucanos cum Sallentinis, in media acie Tarentinos conlocavit, equitatum et elephantos in subsidiis esse iussit. Contra consules, aptissime divisis in cornua equitibus, legiones in prima acie et in subsidiis locaverunt et iis immiscuerunt auxilia. Quadraginta milia utrimque fuisse constat. Pyrrhi dimidia pars exercitus amissa, apud Romanos quinque milia desiderata sunt.

22. Cn. Pompeius adversus C. Caesarem, Palaepharsali triplicem instruxit aciem, quarum singulae denos ordines in latitudinem habuerunt. Legiones secundum virtutem cuiusque firmissimas in cornibus et in medio conlocavit; spatia his interposita tironibus subplevit: dextro latere sexcentos equites propter flumen Enipea, qui et alveo suo et alluvie regionem impedierat: reliquum equitatum in sinistro cornu cum auxiliis omnibus locavit, ut inde Iulianum exercitum circuiret. Adversus hanc ordinationem Caesar et ipse triplici acie, dispositis in fronte legionibus, sinistrum latus, ne circuiri posset, admovit paludibus: in dextro cornu equitem posuit, cui velocissimos miscuit peditum, ad morem equestris pugnae exercitatos: sex deinde cohortes in subsidio retinuit ad res subitas; sex dextro latere conversas in obliquum, unde equitatum hostium exspectabat, conlocavit. Nec ulla res eo die plus ad victoriam Caesari contulit: effusum namque Pompeii equitatum inopinato excursu averterunt caedendumque tradiderunt.

23. Imperator Caesar Domitianus Augustus Germanicus, cum subinde Catti equestre proelium in silvas refugiendo diducerent, iussit suos equites, simul ad impedita ventum esset, equis desilire pedestrique pugna confligere. Quo genere consecutus est, ne quis non loci eius victoriam miraretur.

24. C. Duilius, cum videret graves suas naves mobilitate Punicae classis eludi inritamque virtutem militum fieri, excogitavit manus ferreas; quae ubi hostilem adprehenderunt navem, superiecto ponte transgrediebatur Romanus et in ipsorum ratibus comminus hostes trucidabat.

CAPUT IV.

DE ACIE HOSTIUM TURBANDA.

1. Papirius Cursor filius consul, cum aequo Marte adversus obstinatos Samnites concurreret, ignorantibus suis praecepit Sp. Nautio, ut pauci alares et agasones, mulis insidentes ramosque per terram trahentes, a colle transverso magno tumultu decurrerent: quibus prospectis proclamavit, victorem adesse collegam; occuparent ipsi praesentis proelii gloriam. Quo facto Romanis fiducia concitatis, Samnites prae pulvere perculsi terga vertere.

2. Fabius Maximus Rullus quarto consulatu in Samnio, omni modo frustra conatus aciem hostium perrumpere, novissime hastatos subduxit ordinibus et cum Scipione legato suo circummisit iussitque collem capere, ex quo decurri poterat in hostium terga. Quod ubi factum est, Romanis crevit animus et Samnites perterriti fugam molientes caesi sunt.

3. Minucius Rufus imperator, cum a Scordiscis Dacisque premeretur, quibus impar erat numero, praemisit fratrem et paucos equites una cum aeneatoribus praecepitque, ut, cum vidisset contractum proelium, subitus ex diverso se ostenderet iuberetque aeneatores concinere. Sonantibus montium iugis, species ingentis multitudinis obfusa est hostibus, qua perterriti dedere terga.

4. Acilius Glabrio consul adversus Antiochi regis aciem, quam is in Achaia pro angustiis Thermopylarum direxerat, iniquitatibus loci non inritus tantum sed cum iactura quoque

repulsus esset, nisi circummissus ab eo Porcius Cato, qui tum, iam consularis, tribunus militum a populo factus in exercitu erat, deiectis iugis Callidromi (montis) Aetolis, qui ea praesidio tenebant, super imminentem castris regiis collem a tergo subitus adparuisset. Quo facto perturbatis Antiochi copiis, utrimque inrupere Romani et fusis iis fugatisque castra ceperunt.

5. C. Sulpicius Peticus consul, contra Gallos dimicaturus iussit muliones clam in montes proximos cum mulis abire et indidem, conserto iam proelio, velut equis insidentes ostentare se pugnantibus: quare Galli, existimantes adventare auxilia Romanis, cessere iam paene victores.

6. Marius circa Aquas Sextias, cum in animo haberet postera die depugnare adversus Teutonos, Marcellum cum parva manu equitum peditumque noctu post terga hostium misit et ad implendam multitudinis speciem agasones lixasque armatos simul ire iussit iumentorumque magnam partem instratorum centunculis, ut per hoc facies equitatus obiiceretur, praecepitque, ut, cum animadvertissent committi proelium, ipsi in terga hostium descenderent. Qui adparatus tantum terroris intulit, ut asperrimi hostes in fugam versi sint.

7. Licinius Crassus, fugitivorum bello apud Calamatium (montem) educturus militem adversus Castum et Gannicum duces Gallorum, duodecim cohortes cum C. Pomptinio et Q. Marcio Rufo legatis post montem circummisit. Qui cum, commisso iam proelio, a tergo clamore sublato decucurrissent, ita fuderunt hostes, ut ubique fuga, nusquam pugna, capesseretur.

8. M. Marcellus cum vereretur, ne paucitatem eius militum clamor detegeret, simul lixas calonesque et omnis generis sequelas conclamare iussit, atque ita hostem magni exercitus specie exterruit.   .

9. Valerius Laevinus adversus Pyrrhum, occiso quodam gregali tenens gladium cruentum, utrique exercitui persuasit Pyrrhum interemptum: quamobrem hostes destitutos se ducis morte credentes, consternati a mendacio se pavidi in castra receperunt.

10. Iugurtha in Numidia adversus C. Marium, cum la-

tinae quoque linguae usum ei conversatio pristina castrorum dedisset, in primam aciem-procucurrit et occisum ab se Marium latine clamare coepît, atque ita multos nostrorum avertit.

11. Myronides Atheniensis, dubio proelio adversus Thebanos rem gerens, repente in dextrum suorum cornu prosiluit et exclamavit, sinistro iam se vicisse: qua re et suis alacritate et hostibus metu iniecto vicit.

12. Cyrus, adversus Croesum, praevalido hostium equitatui camelorum gregem obposuit; quorum novitate et odore consternati equi non solum insidentes praecipitaverunt, sed peditum quoque suorum ordines protriverunt vincendosque hosti praebuerunt.

13. Pyrrhus Epirotarum rex, pro Tarentinis adversus Romanos, eodem modo elephantis ad perturbandam aciem usus est.

14. Poeni quoque adversus Romanos idem fecerunt frequenter.

15. Volscorum castra cum prope a virgultis silvisque posita essent, Camillus·ea omnia, quae conceptum ignem usque in vallum perferre poterant, incendit et sic adversarios exuit castris.

16. P. Crassus bello sociali eodem modo prope cum copiis omnibus interceptus est.

17. Hispani contra 'Hamilcarem boves vehiculis adiunctos in prima fronte constituerunt vehiculaque taedae, sebi et sulphuris plena, signo·pugnae dato, incenderunt: actis deinde in hostem bubus consternatam aciem perruperunt.

18. Falisci et Tarquinienses, compluribus suorum in habitum sacerdotum subornatis, faces et angues praeferentibus, furiali·incessu aciem Romanorum turbaverunt.

19. Idem Veientes et Fidenates facibus adreptis fecerunt.

20. Atheas rex Scytharum, cum adversus ampliorem Triballorum exercitum confligeret, iussit a feminis et pueris omnique imbelli turba greges asinorum ac boum ad postremam hostium aciem admoveri et erectas hastas praeferri: famam deinde diffudit, tamquam auxilia sibi ab ulterioribus Scythis adventarent; qua adseveratione avertit hostem.

CAPUT V.

DE INSIDIIS.

1. Romulus, per latebras copiarum parte disposita cum ad Fidenas accessisset, simulata fuga temere hostes insecutos eo perduxit, ubi occultos habebat milites, qui undique adorti effusos et incautos ceciderunt.

2. Q. Fabius Maximus cousul auxilio Sutrinis missus adversus Etruscos, omnes hostium copias in se convertit: deinde simulato timore in superiora loca velut fugiens recessit, effuseque subeuntes adgressus non acie tantum superavit, sed etiam castris exuit.

3. Sempronius Gracchus adversus Celtiberos metu simulato continuit exercitum: emissa deinde armatura levi, quae hostem lacesseret ac statim pedem referret, evocavit hostes; deinde inordinatos adgressus usque eo cecidit, ut etiam castra caperet.

4. Metellus consul in Sicilia bellum adversus Hasdrubalem gerens, ob eius ingentem exercitum et centum triginta elephantos intentior, simulata diffidentia intra Panormum copias tenuit fossamque ingentis magnitudinis ante se duxit. Conspecto deinde exercitu Hasdrubalis, qui in prima acie elephantos habebat, praecepit hastatis, tela in belluas iacerent protenusque se intra munimenta reciperent. Ea ludificatione rectores elephantorum concitati, in ipsam fossam elephantos egerunt: quo ut primum inlaqueati sunt, partim magnitudine telorum confecti, partim retro in suos acti, totam aciem turbaverunt. Tunc Metellus, hanc operiens occasionem, cum toto exercitu erupit et adgressus a latere Poenos cecidit ipsisque ut et elephantis potitus est.

5. Tomyris, Scytharum regina, Cyrum Persarum regem aequo Marte certantem, simulato metu, elicuit ad notas militi suo angustias atque ibi, repente converso agmine, natura loci adiuta devicit.

6. Aegyptii, conflicturi acie in eis campis, quibus iunctae paludes erant, alga eas contexerunt, commissoque proelio fugam simulantes in insidias hostes evocaverunt, qui rapidius vecti per ignota loca limo inhaeserunt circumventique sunt.

7. Viriathus, ex latrone dux Lusitanorum, cedere se Romanis equitibus simulans, usque ad locum voraginosum et praealtum eos perduxit; et quum ipse per solidos ac notos sibi transitus evaderet, Romanos ignaros locorum immersosque limo cecidit.

8. Fulvius imperator Celtiberico bello, collatis cum hoste castris, equites suos iussit succedere ad munitiones eorum lacessitisque barbaris simulata fuga regredi. Hoc cum per aliquot dies fecisset, avide insequentibus Celtiberis, animadvertit castra eorum solita nudari: itaque per partem exercitus custodita consuetudine, ipse cum expeditis post castra hostium consedit occultus; effusisque eis ex more, repente adortus et desertum proruit vallum et castra cepit.

9. Cn. Fulvius, cum in finibus nostris exercitus Faliscorum longe nostro maior castra posuisset, per suos milites quaedam procul a castris aedificia succendit, ut Falisci, suos id fecisse credentes, spe praedae diffunderentur.

10. Alexander rex Epirotarum, adversus Illyrios conlocata in insidiis manu, quosdam ex suis habitu Illyriorum instruxit et iussit vastare suam (Epiroticam) regionem. Quod cum Illyrii viderent fieri, ipsi passim praedari coeperunt eo securius, quod praecedentes veluti pro exploratoribus habebant; a quibus ex industria in loca iniqua deducti, caesi fugatique sunt.

11. Leptines quoque Syracusanus adversus Carthaginienses vastari suos agros et incendi villas castellaque quaedam imperavit. Carthaginienses, ab suis id fieri rati, et ipsi tamquam in adiutorium exierunt, exceptique ab insidiatoribus fusi sunt.

12. Maharbal, missus a Carthaginiensibus adversus Afros rebellantes, cum sciret gentem avidam esse vini, magnum eius modum mandragora permiscuit, cuius inter venenum ac soporem media vis est. Tunc proelio levi commisso ex industria cessit: nocte deinde intempesta, relictis intra castra quibusdam sarcinis et omni vino infecto, fugam simulavit: cumque barbari, occupatis castris in gaudium effusi, medicatum avide merum hausissent et in modum defunctorum strati iacerent, reversus aut cepit eos aut trucidavit.

13. Hannibal, cum sciret sua et Romanorum castra in eis locis esse, quae lignis deficiebantur, ex industria in regione deserta plurimos armentorum greges intra vallum reliquit: qua velut praeda Romani potiti in summis lignationis angustiis insalubribus se cibis onerarunt. Hannibal, reducto nocte exercitu, securos eos et semicruda graves carne maiorem in modum vexavit.

14. Ti. Gracchus in Hispania, certior factus hostem inopem commercio laborare, instructissima castra omnibus esculentis deseruit; quae adeptum hostem et repertis intemperanter repletum gravemque reducto exercitu subito obpressit.

15. Chii, qui adversus Erythraeos bellum gerebant, speculatorem eorum in loco edito deprehensum occiderunt et vestem eius suo militi dederunt, qui ex eodem iugo Erythraeos signo dato in insidias evocavit.

16. Arabes, cum esset nota consuetudo eorum, qua de adventu hostium interdiu fumo, noctu igne significare instituerant, ut sine intermissione ea fierent, praeceperunt, adventantibus autem adversariis intermitterentur. Qui cum, cessantibus luminibus, existimarent ignorari adventum suum, avidius ingressi obpressique sunt.

17. Alexander Macedo, cum hostis in saltu editiore castra communisset, secum ducta parte copiarum, praecepit his quos relinquebat, ut ex more ignes excitarent speciemque praeberent totius exercitus: ipse autem, per avias regiones circumducta manu, hostem superiore adgressus loco depulit.

18. Memnon Rhodius, cum equitatu praevaleret et hostem in collibus se continentem in campos vellet deducere, quosdam ex militibus suis sub specie transfugarum misit in hostium castra, qui adfirmarent exercitum Memnonis tam perniciosa seditione furere, ut subinde aliqua pars eius dilaberetur: Huic adfirmationi ut fidem faceret, passim in conspectu hostium iussit parva castella muniri, velut in ea se recepturi essent qui dissidebant. Hac persuasione sollicitati, qui in montibus se continuerant, in plana descenderunt et, dum castella tentant, ab equitatu circumventi sunt.

19. Arybas rex Molossorum, bello petitus a Bardyli

Illyrio, maiorem aliquanto exercitum habente, amolitus imbelles suorum, in vicinam regionem Aetoliae famam sparsit, tamquam urbes ac res suas Aetolis concederet: ipse cum iis, qui arma ferre poterant, insidias in montibus et locis confragosis distribuit. Illyrii timentes, ne quae Molossorum erant ab Aetolis occuparentur, velut ad praedam festinantes neglectis ordinibus adcelerare coeperunt: quos dissipatos, nihil tale exspectantes, Arybas ex insidiis fudit fugavitque.

20. T. Labienus C. Caesaris legatus, adversus Gallos ante adventum Germanorum, quos auxilio his venturos sciebat, confligere cupiens diffidentiam simulavit, positisque in diversa ripa castris profectionem edixit in posterum diem. Galli credentes eum fugere, flumen quod medium erat instituerunt transmittere: Labienus, circumacto exercitu, inter ipsas superandi amnis difficultates eos cecidit.

21. Hannibal, cum explorasset negligenter castra Fulvii Romani ducis munita, ipsum praeterea multa temere audere, prima luce, cum densiores nebulae praestarent obscuritatem, paucos equites munitionum nostrarum vigilibus ostendit: quo Fulvius repente movit exercitum. Hannibal per aversam partem castra eius occupavit, et illa in tergum Romanorum effusus, octo milia fortissimorum militum cum ipso duce trucidavit.

22. Idem Hannibal, cum inter Fabium dictatorem et Minucium magistrum equitum divisus esset exercitus et Fabius occasionibus immineret, Minucius pugnandi cupiditate flagraret, castra in campo qui medius inter hostes erat posuit; et cum partem peditum in confragosis rupibus celasset, ipse ad evocandum hostem misit qui proximum tumulum occuparent: ad quos obprimendos cum eduxisset copias Minucius, insidiatores ab Hannibale dispositi subito consurrexerunt, et delessent Minucii exercitum, nisi Fabius periclitantibus subvenisset.

23. Idem Hannibal, cum ad Trebiam in conspectu haberet Sempronii Longi consulis castra, medio amne interfluente, saevissima hieme Magonem et electos in insidiis posuit. Deinde Numidas equites ad eliciendam Sempronii credulitatem adequitare vallo eius iussit; quibus praeceperat, ut ad primum nostrorum incursum per nota refugerent vada. Hos

consul et adortus temere et insecutus, ieiunum exercitum in maximo frigore transitu fluminis rigefecit: mox torpore et inedia adfectis Hannibal suum militem obposuit, quem ad id ignibus oleoque et cibo foverat. Nec defuit partibus Mago, quin terga hostium in hoc ordinatus caederet.

24. Idem ad Trasimenum, cum arta quaedam via in radice montis in campos patentes duceret, simulata fuga per angustias ad patentia evasit ibique castra posuit, ac nocte dispositis militibus, et per collem qui imminebat et in lateribus angustiarum prima luce, nebula quoque adiutus, aciem direxit. Flaminius, velut fugientem insequens cum angustias esset ingressus, non ante providit insidias, quam simul a fronte, lateribus, tergo circumfusus ad internecionem cum exercitu caederetur.

25. Idem Hannibal adversus M. Iunium dictatorem nocte intempesta sexcentis equitibus imperavit, ut in plures turmas segregati per vices sine intermissione circa castra hostium se ostentarent. Ita tota nocte Romanis in vallo statione ac pluvia, quae forte continua fuerat, inquietatis confectisque, cum receptui signum iam Iunius dedisset, Hannibal suos requietos eduxit et castra eius invasit.

26. Epaminondas Thebanus in eumdem modum, cum Lacedaemonii ad Isthmon vallo ducto Peloponnesum tuerentur, paucorum opera levis armaturae tota nocte inquietavit hostem; ac deinde prima luce vocatis suis, cum Lacedaemonii se recepissent, subito universum exercitum, quem quietum habuerat, admovit et per ipsa munimenta, destituta propugnatoribus, inrupit.

27. Hannibal, directa acie ad Cannas, sexcentos equites Numidas transfugere iussit, qui ad fidem faciendam gladios et scuta nostris tradiderunt: sed in ultimum agmen recepti, ubi primum concurri coepit, strictis minoribus quos occultaverant gladiis, scutis iacentium adsumtis, Romanorum aciem ceciderunt.

28. Iapydes P. Licinio proconsuli paganos quoque sub specie deditionis obtulerunt, qui recepti et in postrema acie conlocati terga Romanorum ceciderunt.

29. Scipio Africanus, cum adversa haberet bina ho-

stium castra, Syphacis et Carthaginiensium, statuit Syphacis,
ubi multa incendiis alimenta erant, adgredi nocte ignemque
iuicere, ut ea re Numidas quidem ex suis castris trepidantes caederet, Poenos autem, quos certum erat ad succur-
rendum sociis procursuros, insidiis dispositis exciperet. Utrum-
que ex sententia ei cessit: nam tamquam ad fortuitum incen-
dium sine armis procurrentes adortus-cecidit.

30.   Mithridates, a Lucullo virtute frequenter superatus,
insidiis eum adpetiit, Olcabante quodam eminente viribus sub-
ornato, ut transfugeret et, fide parta hostis, facinus perpe-
traret.   Quod is strenue quidem sed sine eventu conatus
est.   Receptus enim a Lucullo in gregem equitum, non sine
tacita custodia habitus est; qnia nec credi subito transfugae,
nec inhiberi reliquos oportebat.   Cum dein frequentibus excursionibus promptam et enixam operam exhiberet, fide ad-
quisita tempus elegit, quo missa principia quietem omnibus
castrensibus dabant praetoriumque secretius praestabant. Casus adiuvit Lucullum.   Nam qui ad vigilantem usque admit-
teretur, fatigatum nocturnis cogitationibus illo tempore quie-
scentem invenit.   Cum deinde, tamquam nuntiaturus subitum
aliquid ac necessarium, intrare vellet, sed pertinaciter a ser-
vis valetudini domini consulentibus excluderetur, veritus, ne
suspectus esset, equis, quos ante portam paratos habebat,
ad Mithridatem refugit inritus.

31.   Sertorius in Hispania, cum apud Lauronem oppidum vicina castra Pompeii castris haberet, et duae tantummodo regiones essent, ex quibus pabulum peti posset, una
in propinquo, altera longius sita, eam quae in propinquo
erat subinde ab levi armatura infestari, ulteriorem autem vetuit ab ullo armato adiri, donec persuasit adversariis, tutio-
rem esse quae erat remotior: quam cum petiissent Pompeiani,
Octavium Graecinum cum decem cohortibus in morem Romanorum armatis et decem Hispanorum levis armaturae, et
Tarquitium Priscum cum duobus milibus equitum ire iubet ad
insidias tendendas pabulatoribus.   Illi strenue imperata faciunt: explorata enim locorum natura, in vicina silva nocte
praedictas copias abscondunt ita, ut in prima parte leves
Hispanos, aptissimos ad furta bellorum, ponerent, paullo

interius scutatos, in remotissimo equites, ne fremitu equorum cogitata proderentur: quiescere omnes silentio servato
in horam tertiam diei iubent. Cum deinde Pompeiani securi curvatique pabulo de reditu cogitarent, et ii quoque,
qui in statione fuerant, quiete invitati ad pabulum colligen-
dum dilaberentur; emissi primum Hispani velocitate gentili in
palantes effunduntur, et convulnerant confunduntque nihil tale
exspectantes: prius deinde, quam resisti his inciperetur, scu-
tati erumpunt e silva, et redeuntes in ordinem consternunt
vertuntque; fugientibus equites immissi, toto eos spatio, quo
redibatur in castra, persecuti caedunt. Cura tum quoque,
ne quis effugeret: nam reliqui ducenti et quinquaginta equites, praemissi facile per compendia itinerum effusis habenis,
antequam ad castra Pompeii perveniretur, conversi occurre-
runt eis, qui primi fugerant. Ad cuius rei sensum Pompeio
emittente legionem cum D. Laelio in praesidium suorum, sub-
ducti in dextrum latus, velut fugerent, cesserunt equites:
deinde, cum ita legionem hanc a tergo infestarent, iamque
etiam a fronte qui pabulatores persecuti erant incursarent, sic
legio quoque inter duas acies hostium cum legato suo elisa
est: ad cuius praesidium Pompeio totum educente exercitum,
Sertorius quoque e collibus suos instructos ostendit effecit-
que, ne Pompeio egredi expediret; et ita praeter duplex
damnum, eadem sollertia illatum, spectatorem quoque eum
cladis suorum continuit. Hoc primum proelium inter Sertorium et Pompeium fuit: decem milia hominum de Pompeii
exercitu amissa et omnia impedimenta, Livius auctor est.

    32.   Pompeius in Hispania, dispositis ante qui ex oc-
culto adgrederentur, simulato metu deduxit instantem hostem
in loca insessa; deinde ubi res poposcit conversus, et in
fronte et utrisque lateribus ad internecionem cecidit, capto
etiam duce eorum Perperna.

    33.   Idem adversus Mithridatem in Armenia, numero et
genere equitum praevalentem, tria milia levis armaturae et
quingentos equites nocte in valle sub virgultis, quae inter
bina castra erant, disposuit: prima deinde luce in stationem
hostium emisit equites ita formatos, ut, cum universus cum
exercitu hostium equitatus proelium inisset, servatis ordini-

bus paullatim cederent, donec spatium darent consurgendi a
tergo ob hoc dispositis.   Quod postquam ex sententia contigit, conversis qui terga dedisse videbantur, medium hostem
trepidantem cecidit; ipsos etiam equos, pedite comminus ac-
cedente, confodit : eoque proelio fiduciam regi, quam in
equestribus copiis habebat, detraxit.

34.   Crassus bello fugitivorum apud Calamatium (montem) bina castra comminus cum hostium castris vallavit : nocte
deinde commutatis copiis, manente praetorio in maioribus
castris, ut fallerentur hostes, ipse omnes copias eduxit et
in radicibus praedicti montis constituit; divisoque equitatu
praecepit L. Quinctio, partem Spartaco obiceret pugnaque
eum frustraretur, parte alia Gallos Germanosque ex factione
Casti et Ganniti eliceret ad pugnam et pugna simulata deduceret, ubi ipse aciem instruxerat : quos cum barbari insecuti essent, equite recedente in cornua, subito acies Romana adaperta cum clamore procucurrit.   Triginta quinque
milia armatorum eo proelio interfecta cum ipsis ducibus Livius tradit, receptas quinque Romanas aquilas, signa sex et
viginti, multa spolia, inter quae quinque fasces cum securibus.

35.   C. Cassius in Syria adversus Parthos ducens aciem,
equitem ostendit a fronte, cum ab tergo peditem in confragoso loco occultasset; dein cedente equitatu et per nota se
recipiente, in praeparatas insidias perduxit exercitum Partho-
rum et cecidit.

36.   Ventidius Parthos et Labienum, alacres successibus victoriarum, dum suos ipse per simulationem metus con-
tinet, evocavit et in loca iniqua deductos, adgressus per ob-
reptionem, adeo debellavit, ut destituto Labieno provincia
excederent Parthi.

37.   Idem adversus Pharnapaten et Parthos, cum ipse
exiguum numerum militum haberet, illis autem fiduciam ex
multitudine videret increscere, ad latus castrorum octodecim
cohortes in obscura valle posuit, equitatu post terga peditum conlocato.   Tum paucos admodum milites in hostem misit; qui ubi simulata fuga hostem effuse sequentem ultra locum insidiarum perduxere, coorta a latere acies, praecipitatis
in fugam Parthis, in his Pharnapaten interfecit.

38. C. Caesar, suis et Afranii castris contrarias tenentibus planicies, cum utriusque partis plurimum interesset colles proximos occupare, idque propter saxorum asperitatem esset difficile, tamquam Ilerdam repetiturum retro agmen ordinavit, faciente inopia fidem destinationi; intra brevissimum deinde spatium exiguo circuitu flexit repente ad montes occupandos. Quo visu perturbati Afraniani, velut captis castris, et ipsi effuso cursu eosdem montes petiere: quod futurum cum praedivinasset Caesar, partim peditatu quem praemiserat, partim ab tergo submissis equitibus, inordinatos est adortus.

39. Antonius apud Forum Gallorum, cum Pansam consulem adventare comperisset, insidiis per silvestria Aemiliae viae dispositis, agmen eius excepit fuditque, et ipsum eo vulnere adfecit, quo intra paucos dies exanimaretur. -

40. Iuba rex, in Africa bello civili, Curionis animum simulato regressu impulit in vanam alacritatem: cuius spei vanitate deceptus Curio, dum tamquam fugientem Saburam regium praefectum persequitur, devenit in patentes campos, ubi Numidarum circumventus equitatu, perdito exercitu, cecidit.

41. Melanthus dux Atheniensium, cum provocatus a rege -hostium Xantho Boeotio descendisset ad pugnam, ut primum comminus stetit, Inique, inquit, Xanthe, et contra pactum facis; adversus solum enim cum altero processisti. Cumque admiratus ille, quisnam se comitaretur, respexisset, aversum uno ictu confecit.

42. Iphicrates Atheniensis ad Cherronesum, cum sciret Lacedaemoniorum ducem Anaxibium exercitum pedestri itinere ducere, firmissimam manum militum eduxit e navibus et in insidiis conlocavit; naves autem omnium tamquam onustas milite palam transnavigare iussit: ita securos et nihil tale exspectantes Lacedaemonios a tergo adgressus in itinere obpressit fuditque.

43. Liburni, cum vadosa loca obsedissent, capitibus tantum eminentibus fidem fecerunt hosti alti maris, ac triremem, quae eos persequebatur, implicatam vado ceperunt.

44. Alcibiades dux Atheniensium in Hellesponto adversus Mindarum Lacedaemoniorum ducem, cum amplum exer-

citum et plures naves haberet, nocte expositis in terram
quibusdam militum suorum, parte quoque navium post quaedam promontoria occultata, ipse cum paucis profectus, ita
ut contemptu sui hostem invitaret, eumdem insequentem fugit,
donec in praeparatas insidias perduceret: aversum deinde et
egredientem in terram per eos, quos ad hoc ipsum exposue-
rat, cecidit.

45. Idem, navali proelio decertaturus, constituit malos
quosdam in promontorio, praecepitque his quos ibi relinquebat, ut, cum commissum proelium sensissent, panderent vela:
quo facto consecutus est, ut hostes, aliam classem in auxilium supervenire ei arbitrati, verterentur.

46. Memnon Rhodius navali proelio, cum haberet du-
centarum navium classem et hostium naves elicere ad proe-
lium·vellet, ita ordinavit suos, ut paucarum navium malos
erigerent, easque primas agi iubet. Hostes procul conspi-
cati numerum arborum et ex eo navium quoque coniectantes,
obtulerunt se certamini, sed a pluribus occupati superatique
sunt.

47. Timotheus dux Atheniensium, adversus Lacedaemonios navali acie decertaturus, cum instructa classis eorum
ad pugnandum processisset, ex velocissimis navibus viginti
praemisit, quae omni arte varioque flexu eluderent hostem.
Ut primum deinde sensit minus agiliter moveri adversam partem, progressus praelassatos facile superavit.

CAPUT VI.

DE EMITTENDO HOSTE, NE CLAUSUS PROELIUM EX
DESPERATIONE REDINTEGRET.

1. Gallos eo proelio, quod Camilli ductu gestum est,
desiderantes navigia quibus Tiberim transirent, senatus cen-
suit transvehendos et commeatibus quoque prosequendos.
Eiusdem generis hominibus postea per Pomptinum agrum
fugientibus via data est, quae Gallica adpellatur.

2. L. Marcius eques Romanus, cui duobus Scipionibus
occisis exercitus imperium detulit, cum circumventi ab eo
Poeni, ne inulti morerentur, acrius pugnarent, laxatis mani-

pulis et concesso fugae spatio, dissipatos sine periculo suorum trucidavit.

3. C. Caesar Germanos inclusos et ex desperatione fortius pugnantes emitti iussit fugientesque adgressus est.

4. Hannibal, cum ad Trasimenum inclusi Romani acerrime pugnarent, diductis ordinibus fecit eis abeundi potestatem euntesque sine suorum sanguine stravit.

5. Antigonus rex Macedonum Aetolis, qui in obsidionem ab eo compulsi fame urguebantur statuerantque eruptione facta commori, viam fugae dedit, atque ita infracto impetu eorum, insecutus aversos cecidit.

6. Agesilaus Lacedaemonius adversus Thebanos, cum acie confligeret intellexissetque hostes locorum conditione clausos ob desperationem fortius dimicare, laxatis suorum ordinibus apertaque Thebanis ad evadendum via, rursus in abeuntes contraxit aciem et sine iactura suorum cecidit aversos.

7. Cn. Manlius consul, cum ex acie reversus capta ab Etruscis Romana castra invenisset, omnibus portis statione circumdatis inclusos hostes in eam rabiem efferavit, ut ipse in proelio caderet. Quod ut animadverterunt legati eius, ab una porta remota statione exitum Etruscis dederunt et effusos persecuti, occurrente altero consule Fabio, ceciderunt.

8. Themistocles, victo Xerxe, volentes suos pontem rumpere prohibuit, cum docuisset cautius esse eum expelli ex Europa, quam cogi ex desperatione pugnare. Idem misit ad eum, qui indicaret, in quo periculo esset, nisi fugam maturaret.

9. Pyrrhus Epirotarum rex, cum quamdam civitatem cepisset clausisque portis ex ultima necessitate fortiter dimicantes eos, qui inclusi erant, animadvertisset, locum illis ad fugam dedit.

10. Idem inter cetera praecepta imperatoria memoriae tradidit, non esse pertinaciter instandum hosti fugienti, ne non solum acie fortius ex necessitate resisteret, sed ut postea quoque facilius cederet, ratus non usque ad perniciem fugienti sibi instaturos victores.

CAPUT VII.

DE DISSIMULANDIS ADVERSIS.

1. Tullus Hostilius rex Romanorum, commisso adversus Veientes proelio, cum Albani deserto exercitu Romanorum proximos peterent tumulos eaque res turbasset nostrorum animos, clare pronuntiavit, iussu suo Albanos id fecisse, ut hostem circumvenirent. Quae res et terrorem Veientibus et Romanis fiduciam adtulit; remque inclinatam consilio restituit.

2. L. Sulla, cum praefectus eius, comitante non exigua equitum manu, commisso iam proelio ad hostes transfugisset, pronuntiavit, ·iussu suo id factum; eaque ratione militum animos non tantum a confusione retraxit, sed quadam etiam spe utilitatis, quae id consilium secutura esset, confirmavit.

3. Idem, cum auxiliares eius missi ab ipso circumventi ab hostibus et interfecti essent, verereturque, ne propter hoc damnum universus trepidaret exercitus, pronuntiavit, auxiliares, qui ad defectionem conspirassent, consilio a se in loca iniqua deductos. Ita manifestissimam cladem ultionis simulatione velavit et militum animos hac persuasione confirmavit.

4. Scipio, cum Syphacis legati nuntiarent ei regis sui nomine, ne fiducia societatis eius ex Sicilia in Africam transiret, veritus, ne· confunderentur animi suorum, abscissa peregrina societate dimisit propere legatos et famam diffudit, tamquam ultro a Syphace arcessiretur.

5. Q. Sertorius, cum acie decertaret, barbarum, qui ei nuntiaverat Hirtuleium periisse, pugione traiecit, ne et in aliorum id notitiam perferret, et ob hoc animi suorum infirmarentur.

6. Alcibiades Atheniensis, cum ab Abydenis proelio urgueretur subitoque magno cursu tristem adventare tabellarium animadvertisset, eum prohibuit palam dicere, quid adferret. Deinde secreto sciscitatus, a Pharnabazo regio praefecto classem suam obpugnari, celatis et hostibus et militibus proelium iniit, ac protenus ad eripiendam classem ducto exercitu suis opem tulit.

4*

7. Hannibalem venientem in Italiam tria milia Carpetanorum reliquerunt: quos ille, exemplo ne et ceteri moverentur, edixit ab se esse dimissos, et insuper in fidem eius rei paucos levissimae operae domos remisit.

8. L. Lucullus, cum animadvertisset Macedonas equites, quos in auxilio habebat, subito consensu ad hostem transfugere, signa canere iussit et turmas, quae eos sequerentur, immisit. Hostis, committi proelium ratus, transfugientes telis excepit. Macedones, cum viderent neque recipi se ab adversariis et premi ab iis, quos deserebant, necessario ad iustum proelium conversi hostem invaserunt.

9. Datames dux Persarum adversus Autophradaten in Cappadocia, cum partem equitum suorum transfugere comperisset, ceteros omnes venire secum iussit; adsecutusque transfugas conlaudavit, quod eum alacriter praecessissent, hortatusque est eos etiam, ut fortiter hostem adorirentur. Pudor transfugis adtulit poenitentiam, et consilium suum, quia non putabant deprehensum, mutaverunt.

10. T. Quinctius Capitolinus consul, cedentibus Romanis, ementitus est in altero cornu hostes fugatos, et ita confirmatis suis victoriam retulit.

11. M. Fabius adversus Etruscos, vulnerato collega Manlio, qui sinistrum cornu ducebat, et ob id parte ea cedente, cum etiam occisum crederent consulem, cum turmis equitum occurrit, clamitans et collegam vivere et se dextro cornu vicisse. Qua constantia redintegratis animis suorum vicit.

12. Marius adversus Cimbros et Teutonos, cum metatores eius per imprudentiam ita castris locum cepissent, ut sub potestate barbarorum esset aqua, flagitantibus eam suis, digito hostem ostendens, Illuc, inquit, petenda est. Quo instinctu adsecutus est, ut protenus barbari tollerentur.

13. T. Labienus post Pharsalicam pugnam, cum victis partibus Dyrrhachium refugisset, miscuit vera falsis et, non celato exitu pugnae, aequatam partium fortunam gravi vulnere Caesaris finxit: et hac adsimulatione reliquiis Pompeianarum partium fiduciam fecit.

14. M. Cato, cum Ambraciam eo tempore, quo sociae naves ab Aetolis obpugnabantur, imprudens uno lembo ad-

pulisset, quamquam nihil secum praesidii haberet, coepit
signum voce gestuque dare, quo videretur subsequentes suorum naves vocare: eaque adseveratione hostem terruit, tamquam plane adpropinquarent, qui quasi ex proximo citabantur.
Aetoli, ne adventu Romanae classis obprimerentur, reliquerunt
obpugnationem.

CAPUT VIII.
DE RESTITUENDA PER CONSTANTIAM ACIE.

1. Servius Tullius adolescens proelio, quo rex Tarquinius adversus Sabinos conflixit, signiferis segnius dimicanti-
bus raptum signum in hostem misit; cuius recipiendi gratia
Romani ita ardenter pugnaverunt, ut et signum et victoriam
retulerint.

2. Furius Agrippa consul, cedente cornu, signum mi-
litare ereptum signifero in hostes Volscos et Aequos misit:
quo facto eius proelium restitutum est: summa enim alacritate Romani ad recipiendum signum incubuerunt.

3. T. Quinctius consul signum in hostes Volscos eiecit
militesque id repetere iussit.

4. Salvius Pelignus bello Persico idem fecit.

5. M. Furius Camillus tribunus militum consulari potestate, cunctante exercitu, adreptum manu signiferum in hostes Volscos et Latinos traxit: ceteros puduit non sequi.

6. Idem, averso exercitu cum occurrisset, adfirmavit,
non recepturum se in castra quemquam nisi victorem; re-
ductisque in aciem, victoria potitus est.

7. Scipio apud Numantiam, cum aversum suum videret
exercitum, pronuntiavit, pro hoste sibi futurum quisquis in
castra redisset.

8. Servilius Priscus dictator, cum signa legionum ferri
in hostes Aequos iussisset, signiferum cunctantem occidi
imperavit: quo exemplo perterriti ceteri hostem invaserunt.

9. Tarquinius adversus Sabinos cunctantes equites, de-
tractis frenis concitatisque equis, procurrere et perrumpere
aciem iussit.

10. Cossus Cornelius magister equitum adversus Fidenates idem fecit.

11.   M. Atilius consul, bello Samnitico ex acie refugientibus in castra militibus aciem suorum obposuit, adfirmans, secum et cum bonis civibus dimicaturos eos, nisi cum hostibus maluissent.   Ea ratione universos in aciem reduxit.

12.   L. Sulla, cedentibus iam legionibus exercitui Mithridatico ductu Archelai, stricto gladio in primam aciem procucurrit adpellansque milites dixit: si quis quaesisset, ubi imperatorem reliquissent, responderent, pugnantem in Boeotia.   Cuius rei pudore universi eum secuti sunt.

13.   Divus Iulius, ad Mundam referentibus suis pedem, equum suum abduci a conspectu iussit et in primam aciem pedes prosiluit.   Milites, dum destituere imperatorem erubescunt, redintegrarunt proelium.

14.   Philippus veritus, ne impetum Scytharum sui non sustinerent, fidelissimos equitem a tergo posuit praecepitque, ne quem commilitonum ex acie fugere paterentur; perseverantius abeuntes trucidarent.   Qua denuntiatione cum effecisset, ut etiam timidissimi mallent ab hostibus quam a suis interfici, victoriam adquisivit.

CAPUT IX.

DE HIS, QUAE POST PROELIUM AGENDA SUNT. SI RES PROSPERE CESSERIT, DE CONSUMMANDIS RELIQUIIS BELLI.

1.   C. Marius, victis proelio Teutonis, reliquias eorum, quia nox intervenerat, circumsedens, sublatis subinde clamoribus per paucos suorum territavit insomnemque hostem detinuit; ex eo adsecutus, ut postero die inrequietum facilius debellaret.

2.   Claudius Nero, victis Poenis, quos Hasdrubale duce in Italiam ex Hispania traicientes exceperat, caput Hasdrubalis in castra Hannibalis eiecit: quo factum est, ut et Hannibal luctu fratris occisi et exercitus desperatione adventandi praesidii adfligerentur.

3.   L. Sulla his, qui Praeneste obsidebantur, occisorum in proelio ducum capita hastis praefixa ostendit, atque ita obstinatorum pervicaciam fregit.

4.   Arminius dux Germanorum capita eorum, quos occiderat, similiter praefixa ad vallum hostium admoveri iussit.

5. Domitius Corbulo, cum Tigranocertam obsideret et Armenii pertinaciter viderentur toleraturi obsidionem, in Vadvadum quemdam ex Megistanibus quos ceperat animadvertit, caputque eius ballista excussum intra munimenta hostium misit. Id forte decidit in medium concilium, quod tum cum maxime habebant barbari: ad cuius conspectum velut ostento consternati ad deditionem festinaverunt.

6. Hermocrates Syracusanus, superatis acie Carthaginiensibus, veritus ne captivi, quorum ingentem manum in potestatem redegerat, parum diligenter custodirentur, quod eventus dimicationis in epulas et securitatem compellere victores poterat, finxit proxima nocte equitatum hostilem venturum. Qua exspectatione adsecutus est, ut solito adtentius vigiliae agerentur.

7. Idem, rebus prospere gestis, et ob id resolutis suis in nimiam securitatem somnoque et mero pressis, in castra hostium transfugam misit, qui praetenderet, se fuga elapsum; dispositas enim ubique a Syracusanis insidias: quare ne noctu reciperent aciem. Illi, lux cum adventaret, persecuti viam in fossas deciderunt et eo modo victi sunt.

CAPUT X.

SI RES DURIUS CESSERIT, DE ADVERSIS EMENDANDIS.

1. T. Didius in Hispania, cum acerrimo proelio conflixisset quod nox diremerat, magno numero utrimque caeso complura suorum corpora intra noctem sepelienda curavit. Hispani postera die ad simile officium progressi, quia plures ex ipsorum numero quam ex Romanis caesos repererant, victos se esse secundum eam dinumerationem argumentati, ad conditiones imperatoris descenderunt.

2. L. Marcius eques Romanus, qui reliquiis exercitus duorum Scipionum praefuit, cum in propinquo bina castra Poenorum paucis milibus passuum distarent, cohortatus milites proxima castra intempesta nocte adortus est; et cum hostem victoriae fiducia incompositum aggressus ne nuntios quidem cladis reliquisset, brevissimo tempore militi ad requiem dato, eadem nocte raptim famam rei gestae prae-

gressus, altera eorumdem castra invasit. Ita bis simili usus
eventu, deletis utrobique Poenis, amissas populo Romano
Hispanias restituit.

CAPUT XI.

DE DUBIORUM ANIMIS IN FIDE RETINENDIS.

1. P. Valerius Epidauri, timens oppidanorum perfidiam,
quia parum praesidii habebat, gymnicos ludos procul ab urbe
adparavit. Quo cum omnis fere multitudo spectandi causa
exisset, clausit portas, nec in eas antea admisit Epidaurios,
quam obsides a principibus acciperet.

2. Cn. Pompeius, cum suspectos haberet Caucenses
et vereretur, ne praesidium non reciperent, petiit ab eis, ut
aegros interim apud se refici paterentur; fortissimis deinde
habitu languentium missis, civitatem occupavit continuitque.

3. Alexander, devicta perdomitaque Thracia petens
Asiam, veritus ne post ipsius discessum sumerentur arma,
reges eorum praefectosque et omnes, quibus videbatur inesse
cura detractae libertatis, secum velut honoris causa traxit;
ignobilibus autem relictis plebeios praefecit, consecutus, uti
principes beneficiis eius obstricti nihil novare vellent, plebs
vero ne posset quidem, spoliata principibus.

4. Antipater, conspecto priore Bottiaeorum exercitu,
qui audita morte Alexandri ad infestandum imperium eius con-
fluxerant, dissimulans scire se, qua mente venissent, gratias
his egit, quod ad auxilium ferendum Alexandro adversus Lacedaemonios convenissent, adiecitque id se regi scripturum:
ceterum ipsos, quia sibi opera eorum in praesenti non esset
necessaria, abirent domos hortatus est: et hac adseveratione
periculum, quod ex novitate rerum imminebat, discussit.

5. Scipio Africanus in Hispania, cum inter captivas
eximiae formae virgo nubilis ad eum perducta esset omniumque oculos in se converteret, summa custodia habitam sponso
nomine Allucio reddidit; insuperque aurum, quod parentes
eius redempturi captivam donum Scipioni adtulerant, eidem
sponso pro nuptiali munere dedit. Qua multiplici magnificentia universa gens victa imperio populi Romani accessit.

6. Alexandrum quoque Macedonem traditum est eximiae pulchritudinis virgini captivae, cum finitimae gentis principi fuisset desponsata, summa abstinentia ita pepercisse,. ut illam ne adspexerit quidem. Qua mox ad sponsum remissa, universae gentis per hoc beneficium animos conciliavit sibi.

7. Imperator Caesar Domitianus Augustus Germanicus eo bello, quo victis hostibus cognomen Germanici meruit, cum in finibus Cattorum castella poneret, pro fructibus locorum, quae vallo comprehendebat, pretium solvi iussit; atque ea iustitiae fama omnium fidem adstrinxit.

CAPUT XII.

QUAE FACIENDA SINT PRO CASTRIS, SI SATIS FIDUCIAE IN PRAESENTIBUS COPIIS NON HABEAMUS.

1. T. Quinctius consul, cum Volsci castra eius adgressi forent, cohortem tantummodo in statione detinuit, reliquum exercitum ad quiescendum dimisit; aeneatoribus praecepit, ut vallum insidentes equis circuirent concinerentque. Qua facie et simulatione cum et propulsasset et detinuisset per totam noctem hostes, ad lucis exortum fessos vigilia repente facta eruptione facile superavit.

2. Q. Sertorius, in Hispania hostium equitatui maxime impar, qui usque ad ipsas munitiones nimia fiducia succedebat, nocte scrobes aperuit et ante aciem direxit. Cum tamen turmales secundum consuetudinem praedatum ire vellent, pronuntiavit comperisse se insidias ab hostibus dispositas, idcirco ne discederent a signis neve laxarent agmen. Quod cum, ne solveretur disciplina, fecisset, exceptus forte veris insidiis, quia praedixerat, intentiores milites habuit.

3. Chares dux Atheniensium, cum exspectaret auxilia et vereretur, ne interea contemptu praesentis paucitatis hostes castra eius obpugnarent, complures ex iis quos habebat per aversam partem nocte missos iussit, qua praecipue conspicui forent hostibus, redire in castra et accedentium novarum virium speciem praebere: atque ita simulatis auxiliis tutus est se, donec instrueretur exspectatis.

4. Iphicrates Atheniensis, cum campestribus locis castra

haberet explorassetque Thracas ex collibus, per quos unus erat descensus, nocte ad diripienda castra venturos, clam duxit exercitum et in utroque viae latere, per quam transituri erant Thraces, distributum conlocavit; hostemque decurrentem in castra, in quibus multi ignes per paucorum curam instituti speciem manentis ibi multitudinis servabant, a lateribus adortus obpressit.

CAPUT XIII.

DE EFFUGIENDO.

1. Galli, pugnaturi cum Attalo, aurum omne et argentum certis custodibus tradiderunt, a quibus, si acie fusi essent, spargeretur, quo facilius colligenda praeda hostem impeditum effugerent.

2. Tryphon Syriae rex, victus per totum iter fugiens pecuniam sparsit, eamque sectando Antiochi equites immoratos effugit.

3. Q. Sertorius, pulsus acie a Q. Metello Pio, ne fugam quidem sibi tutam arbitratus, abire dispersos milites iussit, admonitos in quem locum vellet convenire.

4. Viriathus, dux Lusitanorum, copias nostras locorumque iniquitatem evasit eadem qua Sertorius ratione, sparso exercitu, deinde recollecto.

5. Horatius Cocles, urguente Porsenae exercitu, iussit suos per pontem redire in urbem eumque, ne eâ subsequeretur hostis, intercidere: quod dum efficitur, in capite eius propugnator ipse insequentes detinuit. Audito denique fragore pontis abrupti, deiecit se in alveum, eumque in armis et vulneribus oneratus transnavit.

6. Afranius in Hispania ad Ilerdam, cum Caesarem fugeret, instante eo castra posuit: cum idem Caesar fecisset et pabulatum suos misisset, ille signum repente itineri dedit.

7. Antonius, cum ex Parthis sibi instantibus reciperet exercitum et, quotiens prima luce moveret, totiens urguentibus barbarorum sagittis infestaretur abeuntium agmen, in quintam horam continuit suos et fidem eo stativorum fecit.

Qua persuasione digressis inde Parthis, iustum iter reliquo die sine interpellatione confecit.

8. Philippus, in Epiro victus, ne fugientem eum Romani premerent, inducias ad sepeliendos qui caesi erant impetravit, et ob id remissioribus custodibus evasit.

9. P. Claudius, navali proelio superatus a Poenis, cum per hostium praesidia necesse haberet erumpere, reliquas viginti naves tamquam victrices iussit ornari; atque ita Poenis, existimantibus superiores fuisse acie nostros, terribilis excessit.

10. Poeni classe superati, quia instantem avertere Romanum studebant, simulaverunt in vada naves suas incidisse, haerentesque imitati effecerunt, ut victor eorum timens casum spatium ad evadendum daret.

11. Commius Atrebas, cum victus a Divo Iulio ex Gallia in Britanniam fugeret et forte ad Oceanum secundo vento quidem sed aestu recedente venisset, quamvis naves in siccis litoribus haererent, pandi nihilominus vela iussit. Quae cum persequens eum Caesar ex longinquo tumentia et flatu plena vidisset, ratus prospero sibi eripi cursu, recessit.

SEX. IULII FRONTINI
STRATEGEMATICON LIBER TERTIUS.

PRAEFATIO.

Si priores libri responderunt titulis suis et lectorem hucusque cum adtentione perduxerunt, edam nunc circa obpugnationes urbium defensionesque strategemata; nec morabor ulla praelocutione, prius traditurus quae obpugnandis urbibus usui sunt, tum quae obsessos instruere possint. Depositis autem operibus et machinamentis, quorum expleta iam pridem inventione nullam video ultra artium materiam, has circa expugnationem species strategematon fecimus.

CAPUT I.

DE REPENTINO IMPETU.

1. T. Quinctius consul, victis acie Aequis et Volscis cum Antium oppidum expugnare statuisset, ad concionem vocato exercitu exposuit, quam id et necessarium et facile esset, si non differretur: eoque impetu, quem exhortatio concitaverat, adgressus est urbem.

2. M. Cato in Hispania animadvertit potiri se quodam oppido posse, si inopinatus invaderet. Quatridui itaque iter biduo per confragosa et deserta emensus, nihil·tale metuentes obpressit hostes. Victoribus deinde suis causam tam facilis eventus requirentibus dixit, tunc illos victoriam adeptos, cum quatridui iter biduo eripuerint.

CAPUT II.

DE FALLENDIS IIS, QUI OBSIDENTUR.

1. Domitius Calvinus, cum obsideret Lunam, oppidum Ligurum non situ tantum et operibus verum etiam propugnatorum praestantia tutum, circuiri muros frequenter omnibus copiis instituit easdemque reducere in castra. Qua consuetudine inductis ita oppidanis, ut crederent exercitationis id gratia facere Romanum, et ob hoc nihil ab eo conatu caventibus, morem illum obambulandi in subitum direxit impetum, occupatisque moenibus expressit, ut se ipsos dederent oppidani.

2. C. Duilius consul subinde exercendo milites remigesque consecutus est, ut, securis Carthaginiensibus usque in id tempus innoxiae consuetudinis, subito admota classe murum occuparet.

3. Hannibal in Italia multas urbes cepit, cum Romanorum habitu quosdam suorum, ex longo belli usu latine quoque loquentes, praemitteret.

4. Arcades Messeniorum castellum obsidentes, factis quibusdam armis ad similitudinem hostilium, eo tempore quo successura alia his praesidia exploraverant, instructi eorum qui exspectabantur ornatu admissique per hunc errorem ut socii, possessionem loci cum strage hostium adepti sunt.

5. Cimon dux Atheniensium, in Caria insidiatus cuidam civitati, religiosum incolis templum Dianae lucumque, qui extra muros erat, noctu improvisus incendit; effusisque oppidanis ad opem adversus ignes ferendam, vacuam defensoribus cepit urbem.

6. Alcibiades dux Atheniensium, cum civitatem Agrigentinorum egregie munitam obsideret, petito ab eis concilio diu tamquam de rebus ad commune pertinentibus disseruit in theatro, ubi ex more Graecorum locus consultationi praebebatur: dumque consilii specie tenet multitudinem, Athenienses, quos ad id praeparaverat, incustoditam urbem ceperunt.

7. Epaminondas Thebanus, in Arcadia die festo effuse extra moenia vagantibus hostium feminis, plerosque ex militibus suis muliebri ornatu immiscuit: qua simulatione illi intra portas sub noctem recepti, ceperunt oppidum et suis aperuerunt.

8. Aristippus Lacedaemonius festo die Tegeatarum, quo omnis multitudo ad celebrandum Minervae sacrum urbe egressa erat, iumenta saccis frumentariis palea refertis onusta Tegeam misit, agentibus ea militibus, qui negotiatorum specie inobservati portas aperuerunt suis.

9. Antiochus in Cappadocia ex castello Soanda, quod obsidebat, iumenta frumentatum egressa intercepit, occisisque calonibus, eorumdem vestitu milites suos tamquam frumentum reportantes submisit: quo errore illi custodibus deceptis castellum intraverunt admiseruntque milites Antiochi.

10. Thebani, cum portum Sicyoniorum nulla vi redigere in potestatem suam possent, navem ingentem armatis compleverunt, exposita super merce, ut negotiatorum specie fallerent: ab ea deinde parte murorum, quae longissime remota erat, adparere paucos disposuerunt, cum quibus e nave quidam egressi inermes simulata rixa concurrerent. Sicyoniis ad dirimendum id iurgium advocatis, Thebanae naves et portum vacantem et urbem occupaverunt.

11. Timarchus Aetolus, occiso Charmade Ptolemaei regis praefecto, chlamyde interempti et galero ad Macedonicum ornatus est habitum. Per hunc errorem pro Charmade Saniorum in portum receptus, occupavit.

CAPUT III.

DE ELICIENDIS AD PRODITIONEM.

1. Papirius Cursor consul apud Tarentum Miloni, qui cum praesidio Epirotarum urbem obtinebat, salutem ipsi et popularibus, si per illum oppido potiretur, pollicitus est. Quibus praemiis ille corruptus persuasit Tarentinis, ut se legatum ad consulem mitterent: a quo plena promissa ex pacto referens, in securitatem oppidanos resolvit, atque ita incustoditam urbem Cursori tradidit.

2. M. Marcellus, cum Syracusanum quemdam Sosistratum ad proditionem sollicitasset, ex eo cognovit remissiores custodias fore die festo, quo Epicydes praebiturus esset vini epularumque copiam. Igitur insidiatus hilaritati et quae eam sequebatur socordiae, munimenta conscendit, vigilibusque

caesis aperuit exercitui Romano urbem nobilibus victoriis claram.

3. Tarquinius Superbus, cum Gabios in deditionem accipere non posset, filium suum Sextum caesum virgis ad hostem misit. Is incusata patris saevitia persuasit Gabinis, odio suo adversus regem uterentur; et dux ad bellum electus tradidit patri Gabios.

4. Dareus Persarum rex suum comitem Zopyrum, explorata eius fide, truncata de industria facie ad hostes dimisit. Ille, adsentante iniuriarum fide, creditus inimicissimus Dareo, cum hanc persuasionem adiuvaret procurrendo propius hostem, quotiens acie decertaretur, et in eum tela dirigendo, commissam sibi Babyloniorum urbem tradidit Dareo.

5. Philippus, oppido Saniorum exclusus, Apollonidi praefecto eorum ad proditionem corrupto persuasit, ut plaustrum lapide quadrato oneratum in ipso aditu portae poneret; et confestim signo dato insecutus, oppidanos circa impedita portae claustra trepidantes obpressit.

6. Hannibal apud Tarentum, quae praesidio Romano duce Livio tenebatur, Cononeum quemdam Tarentinum, quem ad proditionem sollicitaverat, eiusmodi fallacia instruxit, ut per causam venandi noctu procederet, quasi id per hostem interdiu non liceret. Egresso ipse apros subministrabat, quos ille tamquam ex captura Livio obferret: idque cum saepius factum esset et ideo minus observaretur, quadam nocte Hannibal venatorum habitu Poenos comitibus eius immiscuit: qui cum onusti venatione quam ferebant recepti essent a custodibus, protenus eos adorti occiderunt. Tum fracta porta admissus cum exercitu Hannibal omnes Romanos interfecit, exceptis his qui in arcem profugerant.

7. Lysimachus rex Macedonum, cum Ephesios obpugnaret, et illi in auxilio haberent Mandronem archipiratam, qui plerumque oneratas praeda naves Ephesum adpellebat, corrupto ei ad proditionem iunxit fortissimos Macedonum: quos cum ille restrictis manibus pro captivis Ephesum introduceret, postea raptis ex arce armis urbem Lysimacho tradiderunt.

CAPUT IV.

PER QUAE HOSTES AD INOPIAM REDIGANTUR.

1. Fabius Maximus, vastatis Campanorum agris, ne quid eis ad fiduciam obsidionis superesset, recessit sementis tempore, ut frumentum quod reliquum habebant in sationes conferrent; reversus deinde renata protrivit.

2. Antigonus adversus Athenienses idem fecit, et ad famem redactis potitus est.

3. Dionysius, multis urbibus captis, cum Rheginos adgredi vellet, qui copiis abundabant, simulat pacem petitque ab eis, ut commeatus exercitui ipsius subministrarent: quod cum impetrassent, exhausto oppidanorum frumento adgressus urbem alimentis destitutam superavit.

4. Idem et adversus Himeraeos fecisse dicitur.

5. Alexander, obpugnaturus Leucadiam commeatibus abundantem, prius castella quae in confinio erant cepit, omnesque ex his Leucadiam passus est confugere, ut alimenta inter multos celerius absumerentur.

6. Phalaris Agrigentinus, cum quaedam loca munitione tuta in Sicilia obpugnaret, simulato foedere frumenta, quae residua se habere dicebat, apud eos deposuit: deinde data opera, ut tectorum camerae, in quibus id conferebatur, rescissae pluviam reciperent, fiducia conditi commeatus proprio tritico abusos primo initio aestatis adgressus, inopia compulit ad deditionem.

CAPUT V.

QUEMADMODUM PERSUADEATUR, OBSIDIONEM PERMANSURAM.

1. Clearchus Lacedaemonius, exploratum habens Thracas omnia victui necessaria in montes comportasse, una quoque spe sustentari, quo crederent eum commeatus inopia recessurum, per id tempus, quod legatos eorum venturos opinabatur, aliquem ex captivis in conspectu iussit occidi, e membratim tamquam alimenti causa in contubernia distribuit Thraces, nihil non facturum perseverantiae causa eum creden-

tes, qui tam detestabiles epulas sustinuisset experiri, in deditionem venerunt.

2. Ti. Gracchus, Lusitanis dicentibus in decem annos cibaria se habere et ideo obsidionem non expavescere, Undecimo, inquit, anno vos capiam. Qua voce perterriti Lusitani, quamquam instructi commeatibus, statim se dediderunt.

3. A. Torquato Graecam urbem obpugnanti cum diceretur, iuventutem ibi studiose iaculis et sagittis exerceri, Pluris eam, inquit, propediem vendam.

CAPUT VI.

DE DESTRUCTIONE PRAESIDIORUM HOSTILIUM.

1. Scipio, Hannibale in Africam reverso, cum plura oppida, quae ratio illi in potestatem redigenda dictabat, firmis praesidiis diversae partis obtinerentur, subinde aliquam manum submittebat ad infestanda ea. Novissime etiam tamquam direpturus civitates aderat; deinde simulato metu refugiebat. Hannibal, ratus veram esse eius trepidationem, deductis undique praesidiis, tamquam de summa rerum decreturus, insequi coepit. Ita consecutus Scipio, quod petierat, nudatas propugnatoribus urbes per Masinissam et Numidas cepit.

2. P. Cornelius Scipio, intellecta difficultate expugnandi Delminium, quia omnium concursu defendebatur, adgredi alia oppida coepit; et evocatis ad sua defendenda singulis, vacuatam auxiliis Delminium cepit.

3. Pyrrhus Epirotarum rex adversus Illyrios, cum civitatem quae caput gentis erat redigere in potestatem suam vellet, eius desperatione ceteras urbes petere coepit; consecutusque est, ut hostes fiducia velut satis munitae urbis eius ad tutelam aliarum dilaberentur: quo facto revocatis ipse rursus omnibus suis vacuam eam defensoribus cepit.

4. Cornelius Rufinus consul, cum aliquanto tempore Crotona oppidum frustra obsedisset, quod inexpugnabile faciebat adsumpta in praesidium Lucanorum manus, simulavit se coepto desistere; captivum deinde magno praemio sollicitatum misit Crotona, qui, tamquam ex custodia effugisset, per-

suasit discessisse Romanos: id verum Crotonienses arbitrati dimisere auxilia, destitutique propugnatoribus et inopinata arte invalidi capti sunt.

5. Mago dux Carthaginiensis, victo Cn. Pisone et in quadam turre circumsepto, suspicatus ventura ei subsidia, perfugam misit, qui persuaderet adpropinquantibus captum iam Pisonem: qua ratione deterritis eis, reliqua victoriae consummavit.

6. Alcibiades in Sicilia, cum Syracusas capere vellet, ex Catiniensibus, apud quos tunc exercitum continebat, quemdam exploratae sollertiae submisit ad Syracusanos. Is in publicum concilium introductus persuasit, infestissimos esse Catinienses Atheniensibus et, si adiuvarentur a Syracusanis, futurum ut obprimerent eos et Alcibiadem. Qua re adducti Syracusani universis viribus Catinam petituri processerunt, relicta ipsorum urbe; quam a tergo adortus Alcibiades desolatam, ut speraverat, adflixit.

7. Cleonymus Lacedaemonius Troezenios, qui praesidio Crateri tum tenebantur, adgressus, tela quaedam, in quibus scriptum erat, venisse se ad liberandam eorum rempublicam, intra muros iecit; et eodem tempore captivos quosdam conciliatos sibi remisit, qui Craterum detractarent. Per hoc consilium seditione intestina apud obsessos conciliata, admoto exercitu potitus est civitate.

CAPUT VII.

DE FLUMINUM DERIVATIONE ET VITIATIONE AQUARUM.

1. P. Servilius Isauram oppidum, flumine ex quo hostes aquabantur averso, ad deditionem siti compulit.

2. C. Caesar in Gallia Cadurcorum civitatem amne cinctam et fontibus abundantem ad inopiam aquae redegit, cum fontes cuniculis avertisset et fluminis usum per sagittarios arcuisset.

3. Q. Metellus in Hispania citeriore in castra hostium humili loco posita fluvium ex superiore parte immisit, et subita inundatione turbatos per dispositos in hoc ipsum insidiatores cecidit.

4. Cyrus apud Babylona, quae media flumine Euphrate dividebatur, fossam pariter et aggerem instituit, ut in usum eius existimarent hostes egeri terram: atque ita subito flumine averso per alveum veterem, qui siccatus ingressum praebebat, urbem intravit.

5. [Semiramis adversus Babylonios, eodem Euphrate averso, idem fecisse dicitur].

6. Clisthenes Sicyonius ductum aquarum in oppidum Crisaeorum ferentem rupit; mox refectis tubis, restituit aquam elleboro corruptam, qua usos profluvio ventris deficientes cepit.

CAPUT VIII.

DE INIICIENDO OBSESSIS PAVORE.

1. Philippus, cum Prinasum castellum nulla vi capere posset, terram ante ipsos muros adgessit simulavitque agi cuniculum: castellani, quia subrutos se existimabant, dediderunt.

2. Pelopidas Thebanus, Magnetum duo oppida simul obpugnaturus non ita longo spatio distantia, quo tempore ad alterum eorum exercitum admovebat, praecepit, ut ex composito ab alteris castris quattuor equites coronati, notabili alacritate velut victoriam adnuntiantes, venirent: ad cuius simulationem curavit, ut silva quae in medio erat incenderetur, praebitura speciem urbis ardentis. Praeterea quosdam, captivorum habitu, eodem iussit perduci. Qua adseveratione perterriti qui obsidebantur, dum in parte iam se superatos existimant, defecerunt.

3. Cyrus rex Persarum, incluso Sardibus Croeso, qua praeruptus mons nullum aditum praestabat, ad moenia malos exaequantes altitudinem iugi subrexit, quibus simulacra hominum armata Persici habitus imposuerat, noctuque eas monti admovit: tum prima luce ex altera parte muros adgressus est. Ubi vero orto iam sole simulacra illa armatorum referentia habitum refulserunt, oppidani, captam urbem ab tergo credentes et ob hoc in fugam dilapsi, victoriam hostibus concesserunt.

5*

CAPUT IX.

DE IRRUPTIONE EX DIVERSA PARTE, QUAM EXSPEC-TAMUS.

1. Scipio apud Carthaginem sub discessum aestus ma-ritimi, secutus Deum ut dicebat ducem, ad muros urbis ac-cessit et, cedente stagno, qua non exspectabatur irrupit.

2. Fabius Maximus Cunctatoris filius, apud Arpos prae-sidio Hannibalis occupatos, considerato situ urbis, sexcentos milites obscura nocte misit, qui per munitam eoque minus frequentem oppidi partem, scalis evecti in murum, portas revellerent. Hi adiuti decidentium aquarum sono, qui operis strepitum obscurabat, iussa peragunt. Ipse, elato signo, effracta porta ingressus, cepit Arpos.

3. C. Marius bello Iugurthino apud flumen Mulucham, cum obpugnaret castellum in monte saxeo situm, quod una et angusta semita· adibatur, ceterum natura et arte praeceps erat, nuntiato sibi per Ligurem quemdam ex auxiliis grega-lem militem, qui forte aquatum progressus, dum per saxa montis cochleas legit, ad summum pervenerat, erepi posse in castellum, paucos centuriones, quibus perfectissimos ve-locissimis·militibus pares aeneatores immiscuerat, misit, capite pedibusque nudis, ut prospectus nisusque per saxa facilior foret, scutis gladiisque a tergo aptatis. Hi Ligure duce, et loris et clavis, quibus in adscensu nitebantur, adiuti, cum ad posteriora et ob id vacua defensoribus castelli pervenis-sent, et concinere et tumultuari, ut praeceptum erat, coe-perunt: ad quod constitutum Marius constantius adhortatus suos acrius instare castellanis coepit, quos ab imbelli 'mul-titudine suorum revocatos, tamquam ab tergo capti essent, insecutus castellum cepit.

4. L. Cornelius consul complura Sardiniae cepit oppi-da, dum firmissimas partes copiarum noctu exponit, quibus praecipiebat, delitescerent opperirenturque tempus, quo ipse naves adpelleret. Occurrentibus deinde adventanti hostibus et ab ipso per simulationem fugae longius ad persequendum avocatis, illi in relictas ab his urbes impetum fecerunt.

5. Pericles Atheniensium dux, cum obpugnaret quam-

dam civitatem magno consensu defendentium tutam, noctu ab
ea parte murorum, quae mari adiacebat, classicum cani cla-
moremque tolli iussit. Hostes penetratum illac oppidum rati
reliquerunt portas, per quas Pericles destitutas praesidio
irrupit.

6. Alcibiades dux Atheniensium Cyzicum, obpugnandi
eius causa, accessit, sed ex diversa parte moenium corni-
cines canere iussit. Qui sufficere propugnationi murorum
poterant, ad id latus, a quo solo se tentari putabant, cum
confluerent, ille, qua non obsistebatur, muros transcendit.

7. Thrasybulus dux Milesiorum, ut portum Sicyoniorum occuparet, a terra subinde oppidanos tentavit; et illo
quo lacessebantur conversis hostibus, classe vi inexspectata
portum cepit.

8. Philippus in obsidione cuiusdam maritimae urbis bi-
nas naves procul a conspectu contabulavit superstruxitque
eis turres: aliis deinde turribus adortus a terra, dum eminus
propugnatores distringit, turritas naves a mari adplicuit et,
qua non resistebatur, subiit muros.

9. Pericles Peloponnesiorum castellum obpugnaturus,
in quod duo omnino erant accessus, alterum fossa interclu-
sit, alterum munire instituit. Castellani securiores ab altera
parte facti eam solam, quam muniri videbant, custodire coeperunt. Pericles praeparatis pontibus iniectisque super fossam, qua non cavebatur, subiit castellum.

10. Antiochus adversus Ephesios Rhodiis, quos in auxilio
habebat, praecepit, ut nocte portum cum magno strepitu invaderent: ad quam partem omni multitudine cum tumultu de-
currente, nudatis defensore reliquis munitionibus, ipse a
diverso adgressus civitatem cepit.

CAPUT X.

DE INSIDIIS, PER QUAS ELICIANTUR HOSTES.

1. Cato in conspectu Lacetanorum, quos obsidebat,
reliquis suorum submotis, Suessetanos quosdam ex auxiliaribus maxime imbelles adgredi moenia iussit: hos cum facta

eruptione Lacetani facilé avertissent et fugientes avide insecuti essent, illis quas occultaverat cohortibus oppidum cepit.

2. L. Scipio in Sardinia, cuiusdam civitatis per tumultum relicta obpugnatione quam instruxerat, speciem fugientis praestitit; insecutisque temere oppidanis, per eos quos in proximo occultaverat oppidum invasit.

3. Hannibal, cum obsideret civitatem Himeram, castra sua capi de industria passus est, iussis recedere Poenis, tamquam praevaleret hostis. Quo eventu Himeraeis ita deceptis, ut gaudio impulsi relicta urbe procurrerent ad Punicum vallum, Hannibal vacuam urbem per eos, quos in insidiis ad hanc ipsam occasionem posuerat, cepit.

4. Idem, ut Segestanos eliceret, rara acie ad muros accedens, ad primam eruptionem oppidanorum simulata fuga cessit, interpositoque exercitu ab oppido interclusos a suis hostes in medio trucidavit.

5. Himilco Carthaginiensis apud Agrigentum iuxta oppidum partem copiarum in insidiis posuit praecepitque his, ut, cum processissent oppidani, ligna humida incenderent: deinde cum reliqua parte exercitus prima luce ad eliciendos hostes progressus, simulata fuga persequentes oppidanos longius cedendo protraxit. Insidiatores prope moenia imperatum ignem ligni acervis subiecerunt, unde obortum contemplati fumum Agrigentini incensam civitatem suam existimaverunt; defendendaeque eius gratia dum trepide recurrunt, obviis eis qui insidiati iuxta muros erant, et a tergo instantibus quos persecuti fuerant, in medio trucidati sunt.

6. Viriathus, disposito per occulta milite paucos misit, qui abigerent pecora Segobrigensium: ad quae illi vindicanda cum frequenter procucurrissent simulantesque fugam praedatores persequerentur, deducti in insidias caesique sunt.

7. Scordisci equites, cum Heracleae duarum cohortium praesidio praepositus esset Lucullus, pecora abigere simulantes provocarunt eruptionem; fugam deinde mentiti, sequentem Lucullum in insidias deduxerunt et octingentos cum eo milites occiderunt.

8. Chares dux Atheniensium, civitatem adgressurus

litori adpositam, post quaedam promontoria occulte habita classe, e navibus velocissimam praeter hostilia praesidia ire iussit. Qua visa, cum omnia navigia, quae pro custodia portus agebant, ad persequendam evolassent, Chares in indefensum portum cum reliqua classe invectus etiam civitatem occupavit.

9. Barca dux Poenorum in Sicilia, Lilybaeum nostris terra marique obsidentibus, partem classis suae procul armatam iussit ostendi. Ad eius conspectum cum evolassent nostri, ipse reliquis, quas in occulto tenuerat, navibus Lilybaei portum occupavit.

CAPUT XI.

DE SIMULATIONE REGRESSUS.

1. Phormion dux Atheniensium, cum depopulatus esset agros Chalcidensium, legatis eorumdem rapta requirentibus benigne respondit; et nocte, qua dimissurus illos erat, finxit litteras sibi supervenisse civium suorum, propter quas redeundum haberet, ac paullum regressus dimisit legatos. His omnia tuta et abisse Phormionem renuntiantibus, Chalcidenses, spe et oblatae humanitatis et abducti exercitus remissa urbis custodia, cum confestim Phormion revertisset, prohibere inexspectatam vim non potuerunt.

2. Agesilaus dux Lacedaemoniorum, cum Phocenses obsideret et intellexisset eos, qui tunc praesidio illis erant, iam gravari belli incommodo, paullum regressus tamquam ad alios actus, liberam recedendi occasionem his dedit. Non multo post milite reducto destitutos Phocenses superavit.

3. Alcibiades adversus Byzantios, qui se moenibus continebant, insidias disposuit et simulato regressu incautos eos obpressit.

4. Viriathus, cum tridui iter discedens confecisset, idem illud uno die remensus, securos Segobrigenses et sacrificio tum cum maxime occupatos obpressit.

5. Epaminondas apud Mantiniam, cum Lacedaemonios in subsidium hosti venisse animadverteret, ratus posse Lacedaemonem occupari, si clam illo profectus esset, nocte cre-

bros igaes fieri iussit, ut specie remanendi occultaret profectionem.   Sed a transfuga proditus, adsecuto exercitu Lacedaemoniorum, itinere quidem quo Spartam petebat destitit,
idem tamen consilium convertit ad Mantinienses : neque enim
ignibus factis Lacedaemonios, quasi maneret, frustratus, per
quadraginta milia passuum Mantiniam revertit eamque auxilio
destitutam occupavit.

CAPUT XII.

EX CONTRARIO CIRCA TUTELAM OBSESSORUM.   DE EXCI-
TANDA CURA SUORUM.

1.   Alcibiades Atheniensis, civitate sua a Lacedaemoniis obsessa, veritus negligentiam vigilum, denuntiavit his
qui in stationibus erant, observarent lumen, quod nocte osten-
surus esset ex arce, et ad conspectum eius ipsi quoque lu-
mina adtollerent; in quo munere qui cessasset, poenam pas-
surum.   Dum sollicite exspectatur signum ducis, pervigilatum
ab omnibus et suspectae noctis periculum evitatum est.

2.   Iphicrates dux Atheniensium, cum praesidio Corin-
thum teneret et sub adventum hostium ipse vigilias circuiret, vigilem, quem dormientem viderat, transfixit cuspide:
quod factum quibusdam tamquam saevum increpantibus, Qua-
lem inveni, inquit, talem reliqui.

3.   Epaminondas Thebanus idem fecisse dicitur.

CAPUT XIII.

DE EMITTENDO ET RECIPIENDO NUNTIO.

1.   Romani, obsessi in Capitolio, ad Camilli auxilium
ab exsilio implorandum miserunt Pontium Cominium, qui, ut
stationes Gallorum falleret, per saxa Tarpeia demissus transnato Tiberi Veios pervenit et perpetrata legatione similiter
ad suos rediit.

2.   Campani, diligenter Romanis a quibus obsessi erant
custodias agentibus, quemdam pro transfuga subornatum miserunt, qui occultatam balteo epistolam inventa effugiendi
occasione ad Poenos pertulit.

3. Venationi quoque et pecoribus quidam insuerunt litteras, membranis mandatas.

4. Aliqui et in iumentorum aversam partem infulserunt, dum stationes transeunt.

5. Nonnulli interiora vaginarum inscripserunt.

6. L. Lucullus Cyzicenos obsessos a Mithridate ut certiores adventus sui faceret, cum praesidiis hostium teneretur introitus urbis, qui unus et angustus ponte modico insulam continenti iungit, militem e suis nandi et nauticae artis peritum iussit, insidentem duobus inflatis utribus litteras insutas habentibus, quos ab inferiore parte duabus regulis inter se distantibus commiserat, ire septem milia passuum traiectum. Quod ita perite gregalis fecit, ut cruribus velut gubernaculis demissis cursum dirigeret et procul visentes, qui in statione erant, marinae specie beluae deciperet.

7. Hirtius consul ad Decimum Brutum, qui Mutinae ab Antonio obsidebatur, litteras subinde misit plumbo scriptas, quibus ad brachium religatis milites Scultennam amnem transnabant.

8. Idem columbis, quas inclusas ante tenebris et fame adfecerat, epistolas seta ad collum religabat easque a propinquo, in quantum poterat, moenibus loco emittebat. Illae lucis cibique avidae altissima aedificiorum petentes excipiebantur a Bruto, qui eo modo de omnibus rebus certior fiebat, utique postquam, disposito quibusdam locis cibo, columbas illuc devolare instituerat.

CAPUT XIV.

DE INTRODUCENDIS AUXILIIS ET COMMEATIBUS SUGGERENDIS.

1. Bello civili, cum Ategua urbs in Hispania Pompeianarum partium obsideretur, Munatius interim tesserâ, tamquam Caesarianus, tribuni cornicularius, vigiles quosdam excitavit; ex quibus aliquos evitans, constantia fallaciae suae per medias Caesaris copias praesidium Pompeii transduxit.

2. Hannibale obsidente Casilinum, Romani farinam doliis secunda aqua Volturni fluminis demittebant, ut ab obsessis

exciperentur: quibus cum obiecta per medium amnem catena
Hannibal obstitisset, nuces sparsere: quae quum aqua ferente
ad oppidum defluerent, eo commeatu sociorum necessitatem
sustentaverunt.

3. Hirtius Mutinensibus obsessis ab Antonio salem, quo
maxime indigebant, cupis conditum per amnem Scultennam
intromisit.

4. Idem pecora secunda aqua demisit, quae excepta
sustentaverunt necessariorum inopiam.

CAPUT XV.

QUEMADMODUM EFFICIATUR, UT ABUNDARE VIDEANTUR, QUAE DEERUNT.

1. Romani, cum a Gallis Capitolium obsideretur, in
extrema iam fame panem in hostem iactaverunt; consecutique, ut abundare viderentur, obsidionem, donec Camillus
subveniret, toleraverunt.

2. Athenienses adversus Lacedaemonios idem fecisse
dicuntur.

3. Hi, qui ab Hannibale Casilini obsidebantur, ad ex-
tremam famem pervenisse crediti, cum etiam herbas alimentis eorum Hannibal, arato loco qui erat inter castra ipsius
et moenia, praeriperet, semina in praeparatum locum iece-
runt, consecuti, ut habere viderentur, quo victum sustenta-
rent usque ad satorum proventum.

4. Reliqui ex Variana clade cum obsiderentur, quia
defici frumento videbantur, horrea tota nocte circumduxerunt
captivos, deinde praecisis manibus dimiserunt. Hi circumse-
dentibus suis persuaserunt, ne spem maturae expugnationis
reponerent in fame Romanorum, quibus ingens alimentorum
copia superesset.

5. Thraces in arduo monte obsessi, in quem hostibus
adscensus non erat, conlato viritim exiguo tritico, oves eo
paverunt et in hostium impulerunt praesidia: quibus exceptis
et occisis, cum frumenti vestigia in visceribus earum adparuissent, opinatus hostis magnam vim tritici superesse eis,
qui inde etiam pecora pascerent, recessit ab obsidione.

6. Thrasybulus dux Milesiorum, cum longa obsidione milites sui angerentur ab Alyatte, qui sperabat eos ad deditionem fame posse compelli, sub adventum Alyattis frumentum omne in forum comportari iussit, et conviviis sub id tempus institutis per totam urbem epulas praestitit; atque ita persuasit hosti superesse ipsis copias, quibus diuturnam sustinerent obsidionem.

CAPUT XVI.

QUA RATIONE PRODITORIBUS ET TRANSFUGIS OCCURRATUR.

1. Claudius Marcellus, cognito consilio Bantii Nolani, qui corrumpere ad defectionem populares studebat et Hannibali gratificabatur, quod illius beneficio curatus inter Cannenses saucius et ex captivitate remissus ad suos erat, quia interficere eum, ne supplicio eius reliquos concitaret Nolanos, non audebat, arcessitum ad se adlocutus est dicens, fortissimum eum militem esse, quod antea ignorasset, hortatusque est, ut secum moraretur, et super verborum honorem equo quoque donavit: qua benignitate non illius tantum fidem sed etiam popularium, qui ex illo pendebant, sibi obligavit.

2. Hamilcar dux Poenorum, cum frequenter auxiliares Galli ad Romanos transirent et iam ex consuetudine ut socii exciperentur, sibi fidelissimos subornavit ad simulandam transitionem, qui Romanos excipiendorum eorum causa progressos ceciderunt. Quae sollertia Hamilcari non tantum ad praesentem profuit successum, sed in posterum praestitit, ut Romanis veri quoque transfugae forent suspecti.

3. Hanno Carthaginiensium imperator in Sicilia, cum comperisset Gallorum mercenariorum circiter quattuor milia conspirasse ad transfugiendum ad Romanos, quod aliquot mensium mercedes non receperant, animadvertere autem in eos non auderet metu seditionis, promisit prolationis iniuriam liberalitate se pensaturum: quo nomine gratias agentibus Gallis, per tempus idoneum dilatis pollicitis fidelissimum dispensatorem ad Otacilium consulem misit, qui, tamquam rationibus interversis transfugisset, nuntiavit nocte proxima Gallorum

quattuor milia, quae praedatum forent missa, posse excipi.
Otacilius nec statim credidit transfugae, nec tamen rem sper-
nendam ratus, disposuit in insidiis lectissimam suorum manum. Ab ea Galli excepti dupliciter Hannonis consilio sa-
tisfecerunt, et ex Romanis raros ceciderunt et ipsi omnes
interfecti sunt.

4. Hannibal simili consilio se a transfugis ultus est.
Nam cum aliquos ex militibus suis sciret transisse proxima
nocte, nec ignoraret exploratores hostium in castris suis esse,
palam pronuntiavit, non debere transfugas vocari sollertissi-
mos milites, qui ipsius iussu exierint ad excipienda hostium
consilia. Auditis quae pronuntiavit, retulerunt exploratores
ad suos. Tum comprehensi ab Romanis transfugae et am-
putatis manibus remissi sunt.

5. Diodorus, cum praesidio Amphipolin tueretur et duo
milia Thracum suspecta haberet, quae videbantur urbem di-
reptura, mentitus est paucas hostium naves proximo litori
adplicuisse easque diripi posse. Qua spe stimulatos Thracas
emisit ac deinde clausis portis non recepit.

CAPUT XVII.

DE ERUPTIONIBUS.

1. Romani, qui in praesidio Panormitanorum erant,
veniente ad obsidionem Hasdrubale, raros ex industria in
muris posuerunt defensores: quorum paucitate contempta cum
incautius muris succederet Hasdrubal, eruptione facta ceciderunt eum.

2. Aemilius Paullus, universis Liguribus ex improviso
adortis castra eius, simulato timore militem diu continuit;
deinde fatigato iam hoste, quattuor portis eruptione facta
stravit cepitque Ligures.

3. Livius praefectus Romanorum, arcem Tarentinorum
tenens, misit ad Hasdrubalem legatos, ut abire sibi incolumi
liceret; et ea simulatione ad securitatem perductum hostem
eruptione facta cecidit.

4. Cn. Pompeius, circumsessus ad Dyrrhachium, non
tantum obsidione liberavit suos, verum etiam post eruptione,

quam opportuno et loco et tempore fecerat, Caesarem, ad castellum quod duplici munitione instructum erat avide irrumpentem, exterior ipse circumfusus corona obligavit, ut ille, inter eos quos obsidebat et eos qui extra circumvenerant medius, non leve periculum et detrimentum senserit.

5. Flavius Fimbria in Asia apud Rhyndacum adversus filium Mithridatis, brachiis ab latere ductis, deinde fossa in fronte percussa, quietem in vallo militem tenuit, donec hostilis equitatus intraret angustias munimentorum; tum eruptione facta sex milia eorum cecidit.

6. C. Caesar in Gallia, deletis ab Ambiorige rege Titurii Sabini et Cottae legatorum copiis, cum a Q. Cicerone, qui et ipse obpugnabatur, certior factus cum duabus legionibus adventaret, conversis hostibus, metum simulavit militesque in castris, quae artiora solito industria fecerat, tenuit. Galli, praesumpta iam victoria velut ad praedam castrorum tendentes, fossas implere et vallum detrahere coeperunt. Qua re proelio non aptatos Caesar, emisso repente undique milite, trucidavit.

7. Titurius Sabinus, adversus Gallorum amplum exercitum continendo militem intra munimenta, praestitit eis suspicionem metuentis; cuius augendae causa perfugam misit, qui adfirmaret exercitum Romanorum in desperatione esse ac de fuga cogitare. Barbari oblata victoriae spe concitati lignis sarmentisque se oneraverunt, quibus fossas complerent, ingentique cursu castra nostra in colle posita petiverunt: unde in eos Titurius universas immisit copias, multisque Gallorum caesis plurimos in deditionem accepit.

8. Asculani, obpugnante eorum oppidum Pompeio, cum paucos senes aegros in muris ostendissent, ob id securos Romanos eruptione facta fugaverunt.

9. Numantini obsessi ne pro vallo quidem instruxerunt aciem adeoque se continuerunt, ut Popillio Laenati fiducia fieret scalis oppidum adgrediendi: quo deinde suspicante insidias, quia ne tunc quidem obsistebatur, ac suos revocante, eruptione facta aversos et descendentes adorti sunt.

CAPUT XVIII.

DE CONSTANTIA OBSESSORUM.

1. Romani, adsidente moenibus Hannibale, ostentandae fiduciae gratia supplementum exercitibus, quos in Hispania habebant, diversa porta miserunt.

2. Iidem agrum, in quo castra Hannibal habebat, defuncto forte domino venalem ad id pretium licendo perduxerunt, quo is ager ante bellum venierat.

3. Iidem, dum ab Hannibale obsidentur, et ipsi obsederunt Capuam decreveruntque, ne nisi capta ea revocaretur inde exercitus.

SEX. IULII FRONTINI

STRATEGEMATICON LIBER QUARTUS.

PRAEFATIO.

Multa lectione conquisitis strategematibus et non exiguo scrupulo digestis, ut promissum trium librorum implerem, si modo implevi, in hoc exhibebo ea, quae parum apte descriptioni priorum ad speciem adligata sublici videbantur et erant exempla potius strategicon quam strategematicon: quae idcirco separavi, quia, quamvis clara, diversae tamen erant substantiae, ne, si qui forte in aliqua ex his incidissent, similitudine inducti praetermissa opinarentur. Et sane res velut residua expedienda fuit: in qua sicut antea ordinem per species servare conabor.

    I. De disciplina.
    II. De effectu disciplinae.
    III. De continentia.
    IV. De iustitia.
    V. De constantia.

VI.   De adfectu et moderatione.
VII. De variis consiliis.

CAPUT I.

DE DISCIPLINA.

1.   P. Scipio ad Numantiam corruptum superiorum ducum socordia exercitum correxit, dimisso ingenti lixarum
numero, redactis ad munus quotidiana exercitatione militibus,
quibus, cum frequens iniungeret iter, portare complurium
dierum cibaria imperabat, ita ut frigora et imbres pati, vada
fluminum pedibus traicere adsuesceret miles, exprobrante
subinde imperatore timiditatem et ignaviam, frangente deli-
catioris usus ac parum necessaria expeditioni vasa: quod
maxime notabiliter accidit C. Memmio tribuno, cui dixisse
traditur Scipio: Mihi paullisper et reipublicae, tibi semper
nequam eris.

2.   Q. Metellus bello Iugurthino similiter lapsam militum disciplinam pari severitate restituit, cum insuper prohi-
buisset alia carne quam assa elixave milites uti.

3.   Pyrrhus delectori suo fertur dixisse: Tu grandes
elige, ego vero fortes reddam.

4.   L. Paullo et C. Varrone consulibus milites primo
iureinrando facti sunt; antea enim sacramento tantummodo a
tribunis rogabantur: ceterum ipsi inter se coniurabant, se
fugae atque formidinis causa non abituros neque ex ordine
recessuros, nisi teli petendi feriendive hostis aut civis ser-
vandi causa.

5.   Scipio Africanus, cum ornatum scutum elegantius
cuiusdam vidisset, dixit, non mirari se, quod tanta cura or-
nasset, in quo plus praesidii, quam in gladio haberet.

6.   Philippus, cum primum exercitum constitueret, ve-
hiculorum usum omnibus interdixit, equitibus non amplius
quam singulos calones habere permisit, peditibus autem de-
nis singulos, qui molas et funes ferrent.   In aestiva exeun-
tibus triginta dierum farinam collo portare imperavit.

7.   C. Marius recidendorum impedimentorum gratia, quibus maxime exercitus agmen oneratur, vasa et cibaria militum

in fasciculos aptata furcis imposuit, sub quibus et habile onus et facilis requies esset; unde et in proverbium tractum est: Muli Mariani.

8. Theagenes Atheniensis, cum exercitum Megaram duceret, petentibus ordines respondit, ibi se daturum. Deinde clam equites praemisit eosque hostium specie impetum in socios retorquere iussit: quo facto cum quos habebat tamquam ad hostium incursum praepararentur, permisit ita ordinari aciem, ut quo quis voluisset loco consisteret; et cum inertissimus quisque retro se dedisset, strenui autem in frontem prosiluissent, ut quemque invenerat stantem, ita ad ordines militiae provexit.

9. Lysander Lacedaemonius egressum via quemdam castigabat: cui dicenti, ad nullius rei rapinam se ab agmine recessisse, respondit: Ne speciem quidem rapturi praebeas volo.

10. Antigonus, cum filium suum devertisse audisset in eius domum, cui tres filiae insignes specie essent, Audio, inquit, fili, anguste habitare te, pluribus dominis domum possidentibus; hospitium laxius accipe: iussoque commigrare edixit, ne quis minor quinquaginta annos natus hospitio matrisfamilias uteretur.

11. Q. Metellus consul, quamvis nulla lege impediretur, quin filium contubernalem perpetuum haberet, maluit tamen eum in ordine merere.

12. P. Rutilius consul, cum secundum leges in contubernio suo filium habere posset, in legione militem fecit.

13. M. Scaurus filium, quod in saltu Tridentino loco hostibus cesserat, in conspectum suum venire iussit. Adolescens verecundia ignominiae pressus mortem sibi conscivit.

14. Castra antiquitus Romani ceteraeque gentes passim per corpora cohortium velut mapalia constituere soliti erant, cum solos urbium muros nosset antiquitas. Pyrrhus, Epirotarum rex, primus totum exercitum sub eodem vallo continere instituit. Romani deinde, victo eo in campis Arusinis circa urbem Maleventum, castris eius potiti et ordinatione notata, paullatim ad hanc usque metationem, quae nunc effecta est, pervenerunt.

15. P. Nasica in hibernis, quamvis classis usus non esset necessarius, ne tamen desidia miles corrumperetur aut per otii licentiam sociis iniuriam inferret, naves aedificare instituit.

16. M. Cato memoriae tradidit, in furto comprehensis inter commilitones dextras esse praecisas, aut, si levius animadvertere voluissent, in principiis sanguinem esse missum.

17. Clearchus dux Lacedaemoniorum exercitui dicebat, imperatorem potius quam hostem metui debere, significans eos, qui in proelio subire mortem dubitavissent, certum si deseruissent manere supplicium.

18. Appii Claudii sententiâ senatus eos, qui a Pyrrho Epirotarum rege capti et postea remissi erant, equites ad peditem redegit, pedites ad levem armaturam, omnibus extra vallum iussis tendere, donec bina hostium spolia singuli referrent.

19. Otacilius Crassus consul eos, qui ab Hannibale sub iugum missi redierant, tendere extra vallum iussit, ut immuniti adsuescerent periculis et adversus hostem audentiores fierent.

20. P. Cornelio Nasica D. Iunio consulibus, qui exercitum deseruerant, damnati, virgis caesi publice venierunt.

21. Domitius Corbulo in Armenia duas alas et tres cohortes, quae ad castellum cum Paccio hostibus cesserant, extra vallum iussit tendere, donec adsiduo labore et prosperis excursionibus redimerent ignominiam.

22. Aurelius Cotta consul, cum ad opus equites necessitate cogente iussisset accedere eorumque pars detractasset imperium, questus apud censores effecit, ut notarentur: a patribus deinde obtinuit, ne eis praeterita aera procederent: tribuni quoque plebis de eadem re ad populum pertulerunt, omniumque consensu stabilita disciplina est.

23. Q. Metellus Macedonicus in Hispania quinque cohortes, quae hostibus cesserant, testamentum facere iussas ad locum recuperandum remisit, minatus non nisi post victoriam receptum iri.

24. P. Valerio consuli senatus praecepit, exercitum ad Sirim victum ducere in Samnium ibique castra munire et hiemem sub tentoriis exigere.

Idem senatus, cum turpiter fugati consulis milites essent, decrevit, ne auxilia ei submitterentur, nisi captis et victis hostibus.

25. Eis legionibus, quae Punico bello militiam detractaverant, in Siciliam relegatis per septem annos hordeum ex senatus consulto datum est.

26. L. Piso consul C. Titium praefectum cohortis, quod loco fugitivis cesserat, cinctu togae praeciso, soluta tunica, nudis pedibus in principiis quotidie stare, dum vigiles venirent, iussit conviviisque et balneo abstinere.

27. Sulla cohortem et centuriones, quorum stationem hostis perruperat, gladiis aptatis et discinctos perstare in principiis iussit.

28. Domitius Corbulo in Armenia Aemilio Rufo praefecto equitum, quia hostibus cesserat et parum instructam armis alam habebat, vestimenta per lictorem scidit eidemque, ut erat, foedato habitu perstare in principiis, donec mitteretur, imperavit.

29. Atilius Regulus, cum ex Samnio ad Luceriam transgrederetur exercitusque eius obviis hostibus aversus esset, obposita cohorte iussit fugientes pro desertoribus caedi.

30. Cotta consul in Sicilia in Valerium, nobilem tribunum militum ex gente Valeria, virgis animadvertit.

31. Idem P. Aurelium sanguine sibi iunctum, quem obsidioni Lipararum, ipse ad auspicia repetenda Messanam transiturus, praefecerat, cum agger incensus et capta castra essent, virgis caesum in numerum gregalium peditum referri et muneribus fungi iussit.

32. Fulvius Flaccus censor Fulvium fratrem suum, quia legionem, in qua tribunus militum erat, iniussu consulis dimiserat, senatu movit.

33. M. Cato ab hostili litore, in quo per aliquot dies manserat, cum ter dato profectionis signo classem solvisset, et relictus e militibus quidam a terra edita voce et gestu expostularet, uti tolleretur, circumacta ad litus universa classe, comprehensum supplicio adfici iussit et, quem occisuri per ignominiam hostes fuerant, exemplo potius impendit.

34. Appius Claudius ex his, qui loco cesserant, decimum quemque militem sorte ductum fusti percussit.

35. Fabius Rullus consul ex duabus legionibus, quae loco cesserant, vicenos sorte ductos in conspectu militum securi percussit.

36. Aquilius ternos ex centuriis, quarum statio ab hoste perrupta erat, securi percussit.

37. M. Antonius, cum agger ab hostibus incensus esset, ex his, qui in opere fuerant, duarum cohortium militem decimavit et in singulos ex his centuriones animadvertit, legatum cum ignominia dimisit, reliquis ex legione hordeum dari iussit.

38. In legionem, quae Rhegium oppidum iussu ducis diripuerat, animadversum est ita, ut quattuor milia tradita custodiae necarentur. Praeterea senatus consulto cautum est, ne quem ex eis sepelire vel lugere fas esset.

39. L. Papirius Cursor dictator Fabium Rullum magistrum equitum, quod adversus dictum eius quamvis prospere pugnaverat, virgis poposcit caedendum, caesum securi percussurus; nec contentioni aut precibus militum concessit animadversionem eumque profugientem Romam persecutus est, ne ibi quidem remisso prius supplicii meriti metu, quam ad genua eius et Fabius cum patre provolveretur et pariter senatus ac populus Romanus rogarent.

40. Manlius, cui Imperioso postea cognomen fuit, filium, quod is contra edictum patris cum hoste pugnaverat, quamvis victorem in conspectu exercitus virgis caesum securi percussit.

41. Manlius filius, exercitu pro se adversus patrem seditionem parante, negavit tanti esse quemquam, ut propter illum disciplina corrumperetur, et obtinuit, ut ipsum puniri paterentur.

42. Q. Fabius Maximus transfugarum dexteras praecidit.

43. C. Curio consul bello Dardanico circa Dyrrhachium, cum ex quinque legionibus una seditione facta militiam detractasset secuturamque se temeritatem ducis in expeditionem asperam et insidiosam negasset, quattuor legiones eduxit armatas et consistere ordinibus, detectis armis velut in acie,

iussit. Post haec seditiosam legionem inermem procedere discinctamque in conspectu armati exercitus stramenta coegit secare, postero autem die similiter fossam discinctos milites facere, nullisque precibus legionis impetrari ab eo potuit, ne signa eius submitteret nomenque aboleret, milites autem in supplementum ceterarum legionum distribueret.

44. Q. Fulvio, Appio Claudio consulibus, ex pugna Cannensi in Siciliam ab senatu relegati postulaverunt a consule M. Marcello, ut in proelium ducerentur. Ille senatum consuluit: senatus negavit sibi placere committi his rempublicam, quam deseruissent; Marcello tamen permisit facere quod videretur, dum ne quis eorum munere vacaret, neve donaretur, neve quod praemium ferret, neu in Italiam reportaretur, dum Poeni in ea essent.

45. M. Salinator consularis damnatus est a populo, quod praedam non aequaliter diviserat militibus.

46. Cum a Liguribus in proelio Q. Petilius consul interfectus esset, decrevit senatus, ut ea legio, in cuius acie consul erat occisus, tota infrequens referretur, stipendium annuum ei non daretur aeraque rescinderentur.

CAPUT II.

DE EFFECTU DISCIPLINAE.

1. Bruti et Cassii exercitus, memoriae proditum est, bello civili cum una per Macedoniam iter facerent priorque Brutus ad fluvium, in quo pontem iungi oportebat, pervenisset, Cassii tamen exercitum et in efficiendo ponte et in transitu maturando praecessisse. Qui vigor disciplinae effecit, ut non solum in operibus verum et in summa belli praestarent Cassiani Brutianos.

2. C. Marius, cum facultatem eligendi exercitus haberet, ex duobus, qui sub Rutilio et qui sub Metello ac postea sub se ipso meruerant, Rutilianum, minorem quidem, sed quia correctioris disciplinae arbitrabatur, praeoptavit.

3. Domitius Corbulo duabus legionibus et paucissimis auxiliis, disciplina correcta, Parthos sustinuit.

4. Alexander Macedo quadraginta milibus hominum,

iam inde a Philippo patre disciplinae adsuefactis, orbem terrarum adgressus innumeras hostium copias vicit.

5. [Cyrus] bello adversus [Persas] quattuordecim milibus armatorum immensas difficultates superavit.

6. Epaminondas dux Thebanorum quattuor milibus hominum, ex quibus quadringenti tantum equites erant, Lacedaemoniorum exercitum viginti quattuor milium peditum, equitum mille sexcentorum vicit.

7. A quattuordecim milibus Graecorum, qui numerus in auxiliis Cyri adversus Artaxerxen fuit, centum milia barbarorum proelio superati sunt.

8. Eadem Graecorum quattuordecim milia, proelio amissis ducibus, reditus sui cura ex corpore suo Xenophonti Atheniensi demandata, per iniqua et ignota loca incolumia reversa sunt.

9. Xerxes, ab trecentis Lacedaemoniorum ad Thermopylas vexatus, cum vix eos confecisset, hoc se deceptum aiebat, quod multos quidem homines haberet, viros autem disciplinae tenaces nullos.

CAPUT III.

DE CONTINENTIA.

1. M. Catonem vino eodem, quo remiges, contentum fuisse traditur.

2. Fabricius, cum Cineas legatus Epirotarum grande pondus auri dono ei daret, non accepto eo dixit, malle se habentibus id imperare, quam habere.

3. Attilius Regulus, cum summis rebus praefuisset, adeo pauper fuit, ut se, coniugem liberosque toleraret agello, qui colebatur per unum villicum; cuius audita morte scripsit senatui de successore, destitutis rebus obitu servi necessariam esse praesentiam suam.

4. Cn. Scipio post res prospere in Hispania gestas in summa paupertate decessit nec ea quidem relicta pecunia, quae sufficeret in dotem filiarum, quas ob inopiam publice dotavit senatus.

5. Idem praestiterunt Athenienses filiis Aristidis, post

amplissimarum rerum administrationem in maxima paupertate defuncti.

6.   Epaminondas dux Thebanorum tantae abstinentiae fuit, ut in suppellectili eius praeter stoream et aeneum veru nihil inveniretur.

7.   Hannibal, surgere de nocte solitus, ante noctem non requiescebat; crepusculo demum ad coenam vocabat, neque amplius quam duobus lectis discumbebatur apud eum.

8.   Idem, cum sub Hasdrubale imperatore militaret, plerumque super nudam humum sagulo tectus somnos capiebat.

9.   Aemilianum Scipionem traditur in itinere cum amicis ambulantem accepto pane vesci solitum.

10.   Idem et de Alexandro Macedone dicitur.

11.   Masinissam, nonagesimum aetatis annum agentem, meridie ante tabernaculum stantem vel ambulantem capere solitum cibos legimus.

12.   M'. Curius, cum victis ab eo Sabinis ex senatus consulto ampliaretur ei modus agri, quem consummati milites accipiebant, gregalium portione contentus fuit, malum civem dicens, cui non esset idem quod ceteris satis.

13.   Universi quoque exercitus notabilis saepe fuit continentia, sicuti eius, qui sub M. Scauro meruit. Namque memoriae tradidit Scaurus, pomiferam arborem, quam in pede castrorum fuerat complexa metatio, postero die abeunte exercitu intactis fructibus relictam.

14.   Auspiciis Imperatoris Caesaris Domitiani Augusti Germanici eo bello, quod Iulius Civilis in Gallia moverat, Lingonum opulentissima civitas, quae ad Civilem desciverat, cum adveniente exercitu Caesaris populationem timeret, quod contra exspectationem inviolata nihil ex rebus suis amiserat, ad obsequium redacta septuaginta milia armatorum tradidit mihi.

15.   L. Mummius, qui Corintho capta non Italiam solum sed etiam provincias tabulis statuisque exornavit, adeo nihil ex tantis manubiis in suum convertit, ut filiam eius inopem senatus ex publico dotaverit.

CAPUT IV.

DE IUSTITIA.

1. Camillo, Faliscos obsidenti, ludi magister liberos Faliscorum tamquam ambulandi causa extra murum eductos tradidit, dicens repetendis eis obsidibus necessario civitatem imperata facturam. Camillus non solum sprevit perfidiam, sed et restrictis post terga manibus magistrum virgis agendum ad parentes tradidit pueris, adeptus beneficio victoriam, quam fraude non concupierat: nam Falisci ob hanc iustitiam sponte ei se dediderunt.

2. Ad Fabricium ducem Romanorum medicus Pyrrhi Epirotarum regis pervenit pollicitusque est daturum se Pyrrho venenum, si merces sibi, in qua operae pretium foret, constitueretur. Quo facinore Fabricius egere victoriam suam non arbitratus regi medicum detexit, atque ea fide meruit, ut ad adpetendam amicitiam Romanorum compelleret Pyrrhum.

CAPUT V.

DE CONSTANTIA.

1. Cn. Pompeius minantibus se direpturos pecuniam militibus, quae in triumpho ferretur, Servilio et Glaucia cohortantibus ut divideret eam, ne seditio fieret, adfirmavit non triumphaturum se, sed potius moriturum, quam licentiae militum succumberet; castigatisque oratione gravi laureatos fasces obiecit, ut ab illorum inciperent direptione; eaque invidia redegit eos ad modestiam.

2. C. Caesar, seditione in tumultu civilium armorum facta, tum cum maxime tumentibus animis legionem totam exauctoravit, ducibus seditionis securi percussis; mox eosdem, quos exauctoraverat, ignominiam deprecantes restituit et optimos milites habuit.

3. Postumius consularis cohortatus suos, cum interrogatus esset a militibus, quid imperaret, dixit, ut se imitarentur, et arrepto signo hostes primus invasit; quem secuti victoriam adepti sunt.

4. Claudius Marcellus, cum in manus Gallorum imprudens incidisset, circumspiciendae regionis qua evaderet causa

equum in orbem flexit; deinde cum omnia esse infesta vidisset, precatus deos in medios hostes irrupit; quibus inopinata
audacia perculsis, ducem quoque eorum trucidavit atque, ubi
spes salutis vix superfuerat, inde opima retulit spolia.

5.   L. Paullus, amisso ad Cannas exercitu, obferente
equum Lentulo quo fugeret, superesse cladi quamquam non
per ipsum contractae noluit, sed in eo saxo, cui se vulne-
ratus adclinaverat, persedit, donec ab hostibus obpressus
confoderetur.

6.   Varro collega eius vel maiore constantia post eamdem cladem vixit, gratiaeque ei ab senatu et populo actae
sunt, quod non desperasset rempublicam.   Non autem vitae
cupiditate sed reipublicae amore se superfuisse reliquo aetatis suae tempore adprobavit: nam et barbam capillumqne submisit et postea numquam recubans cibum cepit; honoribus
quoque, cum ei deferrentur a populo, renuntiavit dicens,
felicioribus magistratibus reipublicae opus esse.

7.   Sempronius Tuditanus et Cn. Octavius tribuni militum, omnibus fusis ad Cannas cum in minoribus castris cir-
cumsederentur, suaserunt commilitonibus, stringerent gladios
et per hostium praesidia erumperent secum, id sibi animi
esse, etiamsi nemini ad erumpendum audacia esset, adfirman-
tes.   De cunctantibus duodecim omnino equitibus, quinquaginta peditibus, qui comitari sustinuerant, repertis, incolumes Canusium pervenerunt.

8.   T. Fonteius legatus in Hispania, cum tribus milibus
hominum praedatum profectus locoque iniquo circumventus
ab Hasdrubale, ad primos tantum ordines relato consilio, in-
cipiente nocte, quo tempore minime exspectabatur, per stationes hostium erupit.

9.   P. Decius, tribunus militum bello Samnitico, Cornelio Cosso consuli iniquis locis deprehenso ab hostibus suasit, ut ad occupandum collem, qui in propinquo erat, modicam manum mitteret, seque ducem iis qui mittebantur
obtulit.   Avocatus in diversum hostis emisit consulem, Decium autem cinxit obseditque.   Illas quoque angustias nocte
eruptione facta cum eluctatus esset Decius, incolumis cum
militibus consuli accessit.

10.　Idem fecit sub Atilio Calatino consule is, cuius varie traduntur nomina: alii Laberium, nonnulli Q. Caeditium, plurimi Calpurnium Flammam vocitatum scripserunt.　Hic cum demissum in eam vallem videret exercitum, cuius latera omnia quae superiora erant hostis insederat, depoposcit et accepit ab consule trecentos milites: quos hortatus, ut virtute sua exercitum servarent, in mediam vallem decucurrit.　Ad obprimendos eos undique descendit hostis; longoque et aspero proelio retentus occasionem consuli ad extrahendum exercitum dedit.

11.　C. Caesar, adversus Germanos et Ariovistum pugnaturus, confusis suorum animis pro concione dixit, nullius se eo die opera nisi decimae legionis usurum: quo adsecutus est, ut et decimani tamquam praecipuae fortitudinis testimonio concitarentur, et ceteri pudore, ne penes alios gloria virtutis esset.

12.　Lacedaemonius quidam nobilis, Philippo denuntiante multis se prohibiturum, nisi civitas sibi daretur, Num, inquit, et pro patria mori nos prohibebit?

13.　Leonidas Lacedaemonius, cum dicerentur Persae sagittarum multitudine nubes esse facturi, fertur dixisse: Melius in umbra propugnabimus.

14.　L. Aelius praetor urbanus, cum ei ius dicenti picus in capite insedisset et haruspices respondissent, dimissa ave hostium victoriam fore, necata populum Romanum superiorem, at Aelium cum familia periturum, avem occidit: qua occisa, non dubitavit dare poenam; nam exercitu nostro vincente ipse cum quattuordecim Aeliis ex eadem familia in proelio est occisus.　Hunc quidam non Aelium sed Laelium fuisse, et Laelios non Aelios periisse credunt.

15.　P. Decii, primo pater postea filius, in magistratu se pro republica devoverunt, admissisque in hostem equis adepti mortem victoriam patriae contulerunt.

16.　P. Crassus, cum bellum adversus Aristonicum in Asia gerens inter Elaeam et Myrinam in hostium copias incidisset vivusque abduceretur, exsecratus in consule Romano captivitatem, virga, qua ad equum regendum erat usus, Thraci, a quo tenebatur, oculum eruit, atque ab eo per dolorem concito transverberatus, dedecus servitutis, ut voluerat, morte effugit.

17. M. Cato Censorii filius, in acie decidente equo prolapsus, cum se recollegisset animadvertissetque gladium excidisse vagina, veritus ignominiam rediit in hostem; exceptisque aliquot vulneribus, recuperato demum gladio reversus est ad suos.

18. Petelini, a Poenis obsessi, parentes et liberos propter inopiam eiecerunt; ipsi coriis madefactis et igne siccatis foliisque arborum et omni animalium genere vitam trahentes, undecim menses obsidionem toleraverunt.

19. Hispani Consaburenses omnia eadem passi sunt, nec oppidum Hirtuleio tradiderunt.

20. Casilinates, obsidente Hannibale, quamquam tantam inopiam perpessi sunt, ut ducentis denariis murem venisse proditum sit eiusque venditorem fame periisse, emptorem autem vixisse, fidem tamen servare Romanis perseveraverunt.

21. Cyzicum cum obpugnaret Mithridates, captivos eius urbis produxit ostenditque obsessis, arbitratus futurum ut miseratione suorum compelleret ad deditionem oppidanos. At illi cohortati ad patiendam fortiter mortem captivos, servare Romanis fidem perseveraverunt.

22. Segovienses, cum a Viriatho iis liberi et coniuges caederentur, praeoptaverunt spectare supplicia pignorum suorum, quam ab Romanis deficere.

23. Numantini, ne se dederent, fame mori praefixis foribus domuum suarum maluerunt.

CAPUT VI.

DE ADFECTU ET MODERATIONE.

1. Q. Fabius Rullus, hortante filio, ut locum idoneum paucorum iactura caperet, Visne, inquit, tu ex illis paucis esse?

2. Xenophon, cum equo veheretur et pedites iugum quoddam occupare iussisset unusque ex eis obmurmurando diceret, facile esse tam laboriosa sedentem imperare, desi-

luit et gregalem equo imposuit, cursu ipse pedestri ad destinatum iugum contendens. Cuius facti ruborem cum perpeti miles non posset, irridentibus commilitonibus sponte descendit. Xenophontem vix universi perpulerunt, ut conscenderet equum et laborem suum in necessaria duci munera reservaret.

3. Alexander, cum hieme duceret exercitum, residens ad ignem recognoscere praetereuntes copias coepit; cumque conspexisset quemdam prope exanimatum frigore, considere loco suo iussit dixitque ei: Si in Persis natus esses, in regia sella resedisse tibi capital foret, in Macedonia nato conceditur.

4. Divus Augustus Vespasianus, cum quemdam adolescentem honeste natum, militiae inhabilem, angustiarum rei familiaris causa eductum ad longiorem ordinem rescisset, constituto censu honesta missione exauctoravit.

CAPUT VII.

DE VARIIS CONSILIIS.

1. C. Caesar dicebat, idem sibi esse consilium adversus hostem, quod plerisque medicis contra vitia corporum, fame potius quam ferro superandi.

2. Domitius Corbulo dolabris et operibus hostem vincendum esse dicebat.

3. L. Paullus imperatorem senem moribus dicebat esse oportere, significans moderatiora sequenda consilia.

4. Scipio Africanus fertur dixisse, cum eum quidam parum pugnacem dicerent: Imperatorem me mater non bellatorem peperit.

5. C. Marius Teutono, provocanti eum et postulanti ut prodiret, respondit, si cupidus mortis esset, laqueo eum vitam posse finire. Cum deinde instaret, gladiatorem contemptae staturae et prope exactae aetatis obiecit ei dixitque, se, si eum superasset, cum victore congressurum.

6. Q. Sertorius, quod experimento didicerat imparem se universo Romanorum exercitui, ut barbaros quoque inconsulte pugnam deposcentes doceret, adductis in conspectum duobus equis, eorum praevalido alteri, alteri admodum exili

duos admovit iuvenes similiter adfectos, robustum et gracilem: ac robustiori imperavit, equi exilis universam caudam abrumpere, gracili autem, valentioris per singulos pilos vellere. Cumque gracili successisset quod imperatum erat, validissimus cum infirmi equi cauda sine effectu luctaretur, Naturam, inquit Sertorius, Romanarum virium per hoc vobis exemplum ostendi, milites: insuperabiles sunt universas adgredienti, easdem lacerabit et carpet, qui per partes adtentaverit.

7. Valerius Laevinus consul, cum intra castra sua exploratorem hostium deprehendisset magnamque copiarum suarum fiduciam haberet, circumduci eum iussit; terrendique hostis causa adiecit, exercitus suos visendos speculatoribus eorum, quotiens voluissent, patere.

8. Caeditius primipilaris, qui in Germania post Varianam cladem obsessis nostris pro duce fuit, veritus, ne barbari ligna quae congesta erant vallo admoverent et castra eius incenderent, simulata lignorum inopia, missis undique qui ea furarentur effecit, ut Germani universos truncos amolirentur.

9. Cn. Scipio bello navali amphoras pice et taeda plenas in hostium classem iaculatus est, quarum iactus et pondere foret noxius et diffundendo, quae continuerant, alimentum praestaret incendio.

10. Hannibal regi Antiocho monstravit, ut in hostium classem vascula iacularetur viperis plena, quarum metu perterriti milites a dimicatione et nauticis ministeriis impedirentur.

11. Idem fecit, iam cedente classe sua, Prusias.

12. M. Porcius impetu in classem hostium cum transiluisset, deturbatis ex ea Poenis eorumque armis et insignibus inter suos distributis, multas naves hostium, quos sociali habitu fefellerat, mersit.

13. Athenienses, cum subinde a Lacedaemoniis infestarentur, diebus festis, quos sacros Minervae extra urbem celebrabant, omnem quidem colentium imitationem expresserunt, armis tamen sub veste celatis. Peracto ritu suo non statim Athenas reversi, sed protenus inde raptim acto Lacedaemoniorum in agros agmine, eo tempore, quo minime timebantur,

agrum hostium, quibus subinde praedae fuerant, ultro depopulati sunt.

14.   Cassius onerarias naves, non magni ad alia usus, accensas opportuno vento in classem hostium misit et incendio eam consumpsit.

15.   M. Livius fuso Hasdrubale hortantibus eum quibusdam, ut hostem ad internecionem persequeretur, respondit: Aliqui et supersint, qui de victoria nostra hostibus nuntient.

16.   Scipio Africanus dicere solitus est, hosti non solum dandam esse viam fugiendi, sed etiam muniendam.

17.   Paches Atheniensis adfirmavit, incolumes futuros hostes, si deponerent ferrum; eisque obsecutis conditioni, universos, qui in sagulis ferreas fibulas habuissent, interfici iussit.

18.   Hasdrubal, subigendorum Numidarum causa fingens dolum, ingressus fines eorum resistere parantibus adfirmavit, ad capiendos se venisse elephantos, quibus ferax est Numidia: ut hoc permitterent, poscentibus securitatem promisit; et ea persuasione avocatos adortus sub leges redegit.

19.   Alcetas Lacedaemonius, ut Thebanorum commeatum facilius ex inopinato adgrederetur, in occulto paratis navibus, tamquam unam omnino haberet triremem, vicibus in eam rem remiges exercebat: quodam deinde tempore omnes naves in Thebanos transnavigantes immisit et commeatibus eorum potitus est.

20.   Ptolemaeus adversus Perdiccam, exercitu praevalentem, ipse invalidus, omne pecudum genus, religatis a tergo quae traherent sarmentis, agendum per paucos curavit equites: ipse praegressus cum copiis quas habebat effecit, ut pulvis, quem pecora excitaverant, speciem magni exercitus moveret; cuius exspectatione territum vicit hostem.

21.   Myronides Atheniensis adversus Thebanos, equitatu praevalentes, pugnaturus in campis suos edocuit, manentibus esse spem aliquam salutis, cedentibus autem perniciem summam : qua ratione confirmatis militibus victoriam consecutus est.

22.   L. Pinarius, in Sicilia praesidio Ennae praepositus, claves portarum quas penes se habebat reposcentibus ma-

gistratibus Ennensium, quod suspectos eos tamquam transitionem ad Poenum pararent habebat, petit unius noctis ad deliberationem spatium; indicataque militibus fraude Graecorum, cum praecepisset, ut parati postera die signum exspectarent, prima luce adsistentibus magistratibus redditurum se claves dixit, si idem omnes Ennenses censuissent. Ob eam causam universa multitudine convocata in theatrum et idem flagitante, manifesta deficiendi voluntate, signo militibus dato universos Ennenses cecidit.

23. Iphicrates dux Atheniensium classem suam hostili habitu instruxit, et ad eos quos suspectos habebat invectus, cum effuso studio exciperetur, deprehensa eorum perfidia oppidum diripuit.

24. Ti. Gracchus, cum edixisset futurum ut ex volonum numero fortibus libertatem daret, ignavos crucibus adfigeret, et quattuor milia ex his, qui segnius pugnaverant, metu poenae in quemdam munitum collem coissent, misit qui eis dicerent, totum sibi exercitum volonum vicisse videri, quod hostes fugissent; et sic eos et sua fide et ipsorum metu exsolutos recepit.

25. Hannibal post proelium, quo ingentem cladem ad Trasimenum Romani acceperunt, cum sex milia hostium interposita pactione in potestatem suam redegisset, socios Latini nominis benigne in civitates suas dimisit, dictitans'se Italiae liberandae causa bellum gerere; eorumque opera aliquot populos in deditionem accepit.

26. Mago, cum Locri obsiderentur a Cincio classis nostrae praefecto, diffudit ad Romana castra rumorem, Hannibalem caeso Marcello ad liberandos obsidione Locros venisse: clam deinde equites emissos iussit a montibus, qui in conspectu erant, se ostendere; quo facto effecit, ut Cincius Hannibalem adesse ratus conscenderet naves ac fugeret.

27. Scipio Aemilianus ad Numantiam omnibus non cohortibus tantum sed et centuriis sagittarios et funditores interposuit.

28. Pelopidas Thebanus, cum a Thessalis in fugam versus flumen, in quo tumultuarium fecerat pontem, liberasset, ne

sequentibus hostibus idem transitus maneret, novissimo agmini praecepit, incenderent pontem.

29. Romani quum Campanis equitibus nullo modo pares essent, Q. Naevius centurio in exercitu Fulvii Flacci proconsulis excogitavit, ut delectos ex toto exercitu, qui velocissimi videbantur et mediocris erant staturae, parmulis non amplis et galericulis gladiisque ac septenis singulos hastis quatternorum circiter pedum armari eosque adiunctos equitibus iuberet usque ad moenia provehi, deinde ibi positis nostris equitibus incipere inter hostium equitatum proeliari: quo facto vehementer et ipsi Campani adflicti sunt et maxime equi eorum; quibus turbatis, prona nostris victoria fuit.

30. P. Scipio in Lydia, cum die ac nocte imbre continuo vexatum exercitum Antiochi videret, nec homines tantum aut equos deficere, verum arcus quoque madentibus nervis inhabiles factos, exhortatus est fratrem suum, ut postero quamvis religioso die committeret proelium: quam sententiam secuta victoria est.

31. Catonem, vastantem Hispaniam, legati Ilergetum, qui sociorum populus erat, adierunt oraveruntque auxilia. Ille ne aut abnegato adiutorio socios alienaret, aut diducto exercitu vires minueret, tertiam partem militum cibaria parare et naves adscendere iussit, dato praecepto, ut causati ventos retro redirent. Praecedens interim adventantis auxilii rumor uti Ilergetum excitavit animos, ita hostium consilia discussit.

32. C. Caesar, cum in partibus Pompeianis magna equitum Romanorum esset manus eaque armorum magnificentia milites suos confunderet, ora oculosque eorum gladiis peti iussit, et sic aversam aciem cedere coegit.

33. Vaccaei, cum a Sempronio Graccho collatis signis urguerentur, universas copias cinxere plaustris, quae impleverant fortissimis viris muliebri veste tectis; Semproniumque, tamquam adversus feminas audentius ad obsidendos hostes consurgentem, hi qui in plaustris erant adgressi fugaverunt.

34. Eumenes Cardianus ex successoribus Alexandri, in castello quondam clausus, quod exercere equos non poterat, certis quotidie horis ita eos suspendebat, ut posterioribus pe-

dibus innixi, prioribus adlevatis, dum naturalem adsistendi
adpetunt consuetudinem, ad sudorem usque crura iactarent.

35. M. Cato, pollicentibus barbaris duces itinerum et
insuper praesidium, si magna summa eis promitteretur, non
dubitavit polliceri, quia aut victoribus ex spoliis hostilibus
poterat dare, aut, interfectis iis, exsolvebatur promisso.

36. Q. Maximus transfugere ad hostes volentem Stati-
lium, nobilem clarae operae equitem, vocari ad se iussit eique
excusavit, quod invidia commilitonum virtutes illius ad id
tempus ignorasset: tum donato ei equo, pecuniam insuper
largitus obtinuit, ut, quem ex conscientia trepidum arces-
sierat, laetum dimitteret et ex dubio in reliquum non minus
fidelem quam fortem haberet equitem.

37. Philippus, cum audisset Pythiam, quemdam bonum
pugnatorem, alienatum sibi, quod tres filias inops vix aleret
nec a rege adiuvaretur, monentibus quibusdam, uti eum ca-
veret, Quid? si, inquit, partem corporis aegram haberem,
absciderem potius quam curarem? Deinde familiariter ad se
elicitum secreto Pythiam, accepta difficultate necessitatum
domesticarum, pecunia instruxit; ac meliorem fidelioremque
habuit, quam habuerat, antequam offenderet.

38. T. Quinctius Crispinus post infaustam adversus Poenos dimicationem, qua collegam Marcellum amiserat, cum
comperisset potitum annulo interfecti Hannibalem, litteras
circa municipia totius Italiae dimisit, ne crederent epistolis,
si quae Marcelli annulo obsignatae perferrentur; monitione
consecutus, ut Salapia et aliae urbes frustra Hannibalis dolis
tentarentur.

39. Post Cannensem cladem perculsis ita Romanorum
animis, ut pars magna reliquiarum nobilissimis auctoribus de-
serendae Italiae iniret consilium, P. Scipio adolescens admodum, impetu facto, in eo ipso in quo talia agitabantur coetu
pronuntiavit, manu se sua interfecturum, nisi qui iurasset, non
esse sibi mentem destituendae reipublicae: cumque ipse primus se religione tali obligasset, stricto gladio mortem uni
ex proximis minatus, nisi acciperet sacramentum, illum metu, ceteros etiam exemplo coegit ad iurandum.

40. Volscorum castra cum prope a virgultis silvaque

posita essent, Camillus ea omnia, quae conceptum ignem usque in vallum perferre poterant, incendit et sic adversarios exuit castris.

41. P. Crassus bello sociali eodem modo prope cum copiis omnibus interceptus est.

42. Q. Metellus in Hispania castra moturus, cum in agmine milites — — .

— — milites continerent se intra castra, Hermocrates detentos eos postero die habilioribus iam suis tradidit bellumque confecit.

43. Miltiades, cum ingentem Persarum multitudinem apud Marathona fudisset, Athenienses circa gratulationem morantes compulit, ut festinarent ad opem urbi ferendam, quam classis Persarum petebat: cumque praecucurrisset implessetque moenia armatis, Persae, rati ingentem esse numerum Atheniensium et alio milite apud Marathona pugnatum, alium pro muris suis obponi, circumactis extemplo navibus Asiam repetierunt.

44. Pisistratus Atheniensis, cum excepisset Megarensium classem, qua illi ad Eleusin noctu adplicuerant, ut operatas Cereris sacro feminas Atheniensium raperent, magnaque edita caede eorum ultus esset suos, eadem quae ceperat navigia Atheniensi milite complevit, quibusdam matronis habitu captivarum in conspectu locatis: qua facie decepti Megarenses, tamquam suis et cum successu renavigantibus effuse obvii inermesque, rursus obpressi sunt.

45. Cimon dux Atheniensium, victa classe Persarum apud insulam Cypron, milites suos captivis armis induit et eisdem barbarorum navibus ad hostem navigavit in Pamphyliam apud flumen Eurymedonta. Persae, cum et navigia et habitum superstantium agnoscerent, nihil caverunt; subito itaque obpressi, eodem die et navali et pedestri proelio victi sunt.

FRONT. STRAT. 7

SEX. IULII FRONTINI

DE

AQUAE DUCTIBUS URBIS ROMAE

LIBER.

---

1. Cum omnis res ab Imperatore delegata intentiorem exigat curam; et me seu naturalis sollicitudo seu fides sedula non ad diligentiam modo, verum ad amorem quoque commissae rei instigent; sitque nunc mihi ab Nerva Augusto, nescio diligentiore an amantiore rei publicae Imperatore, aquarum iniunctum officium, tum ad usum tum ad salubritatem atque etiam ad securitatem urbis pertinens, administratum per principes semper civitatis nostrae cives: primum ac potissimum existimo, sicut in ceteris negotiis institueram, nosse quod suscepi. (2.) Neque enim ullum omnis actus certius fundamentum crediderim; aut aliter, quae facienda quaeque vitanda sint, posse decerni; aliudve tam indecorum tolerabili viro, quam delegatum officium ex adiutorum agere praeceptis: quod fieri necesse est, quotiens imperitia praecessit eius, ad cuius crebro decurritur usum: quorum etsi necessariae partes sunt ad ministerium, tamen sint non nisi manus quaedam et instrumentum agentis. Quapropter ea, quae ad universam rem pertinentia contrahere potui, more iam per multa mihi officia servato in ordinem et velut in corpus diducta, in hunc commentarium contuli, quem pro formula administrationis respicere possem. In aliis autem libris, quos post experimenta et usum composui, succedentium res acta est: huius commentarii fortassis pertinebit et ad successorem utilitas; sed cum inter initia administrationis meae scriptus sit, in primis ad meam institutionem regulamque proficiet. (3.)

Ac ne quid ad totius rei pertinens notitiam praetermisisse
videar, nomina primum aquarum, quae in urbem Romam influunt, ponam; tum per quos quaeque earum et quibus consulibus, quoto post urbem conditam anno perductae sint;
deinde quibus ex locis et a quoto miliario coepissent, quantum
subterraneo rivo, quantum substructione, quantum opere arcuato; post altitudinem cuiusque, modulorumque rationem et
quae erogationes ab illis factae sint; quantum extra urbem,
quantum intra urbem unicuique regioni pro suo modo unaquaeque aquarum serviat; quot castella publica privataque
sint, et ex his quantum publicis operibus, quantum muneribus, — ita enim cultiores appellant, — quantum lacibus,
quantum nomine Caesaris, quantum privatorum usui beneficio
Principis detur; quod ius ducendarum tuendarumque sit earum; quae id sanciant poenae, ex legibus, senatus consultis
et mandatis Principum inrogatae.

4. Ab urbe condita per annos CCCCXLI contenti fuerunt
Romani usu aquarum, quas aut ex Tiberi aut ex puteis aut
ex fontibus hauriebant. Fontium memoria cum sanctitate adhuc exstat et colitur: salubritatem enim aegris corporibus
afferre creduntur, sicut Camoenarum et Apollinis et Iuturnae.
Nunc autem in urbem influunt: aqua Appia, Anio Vetus, Marcia, Tepula, Iulia, Virgo, Alsietina, quae eadem vocatur
Augusta, Claudia, Anio Novus.

5. M. Valerio Maximo, P. Decio Mure consulibus, anno
post initium Samnitici belli XXXI, aqua Appia in urbem in-
ducta est ab Appio Claudio Crasso censore, cui postea Caeco
fuit cognomen, qui et viam Appiam a porta Capena usque
ad urbem Capuam muniendam curavit. Collegam habuit C.
Plautium, cui ob inquisitas eius aquae venas Venocis cognomen datum est. Sed quia is intra annum et sex menses, deceptus a collega tamquam invidiam facturo, abdicavit se cen-
sura, nomen aquae ad Appii tantum honorem pertinuit: qui
multis tergiversationibus extraxisse censuram traditur, donec
et viam et huius aquae ductum consummaret. Concipitur
Appia in agro Lucullano, via Praenestina, inter miliarium
VII et VIII, diverticulo sinistrorsus passuum DCCLXXX. Ductus
eius habet longitudinem a capite usque ad Salinas, qui locus

est ad portam Trigeminam, passuum XI milium CXC; subterraneo rivo passuum XI milium CXXX; supra terram substructione et arcuato opere proxime portam Capenam passuum LX. Iungitur ei ad Spem Veterem in confinio hortorum Torquatianorum et Plautianorum ramus Augustae, ab Augusto in supplementum eius additus, imposito cognomine respondenti Gemellarum. Hic via Praenestina ad miliarium VI, diverticulo sinistrorsus passuum DCCCCLXXX, proxime viam Collatiam accipit fontem; cuius ductus usque ad Gemellas efficit rivo subterraneo passus VI milia CCCLXXX. Incipit distribui Appia imo Publicii clivo ad portam Trigeminam.

6. Post annos XL, quam Appia perducta est, anno ab urbe condita CCCCLXXXI, M'. Curius Dentatus, qui censuram cum L. Papirio Cursore gessit, Anionis, qui nunc Vetus dicitur, aquam perducendam in urbem ex manubiis de Pyrrho captis locavit, Sp. Carvilio, L. Papirio consulibus iterum. Post biennium deinde actum est in senatu de consummando eius aquae opere; frequentibus autem Romanorum bellis praetermisso, demum post nonum annum rursus Minutius praetor rem retulit. Tum ex senatus consulto duumviri aquae perducendae·creati sunt, Curius, qui eam locaverat, et Fulvius Flaccus. Curius intra quintum diem, quam erat duumvir creatus, decessit: gloria perductae pertinuit ad Fulvium. Concipitur Anio Vetus supra Tibur XX miliario extra portam Baranam, ubi partem dat in Tiburtium usum. Ductus eius habet longitudinem, ita exigente libramento, passuum XLIII milium: ex eo rivus est subterraneus passuum XLII milium DCCLXXIX; substructio supra terram passuum CCXXI.

7. Post annos CXXVII, id est anno ab urbe condita DCVIII, Ser. Sulpicio Galba cum L. Aurelio Cotta consulibus, cum Appiae Anionisque ductus, vetustate quassati, privatorum etiam fraudibus interciperentur, datum est a senatu negotium Marcio, qui tum praetor inter cives et peregrinos ius dicebat, eorum ductuum reficiendorum ac vindicandorum. Et quoniam incrementum urbis exigere videbatur ampliorem modum aquae, eidem mandatum a senatu est, ut curaret, quatenus alias aquas quas posset in urbem perduceret. Qui lapide quadrato ampliores ductus excitavit, perque illos aquam,

quam adquisiverat rei publicae commodo, trium milium opera
fabrorum duxit, cui ab auctore Marciae nomen est. Legimus apud Fenestellam, in haec opera Marcio decretum se-
stertium milies octingenties. Sed quoniam ad consumman-
dum negotium non sufficiebat spatium praeturae, in annum
alterum est prorogatum. Eo tempore decemviri, dum aliis
ex causis libros Sibyllinos inspiciunt, invenisse dicuntur,
non esse aquam Marciam, sed potius Anionem, — de hoc
enim constantius traditur, — in Capitolium perducendam;
deque ea re in senatu a Lepido, pro collega verba faciente,
actum Appio Claudio, Q. Caecilio consulibus, eandemque
post annum tertium a L. Lentulo retractatam: sed utroque
tempore vicisse gratiam Marcii Regis; atque ita in Capitolium esse aquam perductam. Concipitur Marcia via Valeria,
ad miliarium XXXVI, diverticulo euntibus ab urbe Roma dextrorsus milium passuum trium. Sublacensi autem, quae sub
Nerone Principe primum strata est, ad miliarium XXXVIII
sinistrorsus, intra spatium passuum ducentorum, fontium infinita multitudine sub fornicibus petraeis scatenti, stat immo-
bilis stagni modo, colore perviridi. Ductus eius habet longitudinem a capite ad urbem passuum LXI milium DCCX et
semis: rivo subterraneo passuum LIV milium CCXLVII et semis; opere supra terram passuum VII milium CCCCLXIII: ex
eo longius ab urbe pluribus locis superiori parte vallis opere
arcuato passuum CCCCLXIII; propius urbem a VII miliario
substructione passuum DXXVIII; reliquo opere arcuato passuum VI milium CCCCLXXII.

8. Cn. Servilius Caepio et L. Cassius Longinus, qui
Ravilla appellatus est, censores, anno post urbem conditam
DCXXVII, M. Plautio Hypsaeo, Fulvio Flacco consulibus,
aquam, quae vocatur Tepula, ex agro Lucullano, quem quidam Tusculanum credunt, Romam et in Capitolium adducen-
dam curaverunt. Tepula concipitur via Latina, ad X miliarium, diverticulo euntibus ab Roma dextrorsus milium passuum
duum: inde rivo suo in urbem perducebatur.

9. Post M. Agrippa, aedilis post primum consulatum,
Imperatore Caesare Augusto II, L. Volcatio consulibus, anno
post urbem conditam DCCXIX, ad miliarium ab urbe XII,

via Latina, diverticulo euntibus ab Roma dextrorsus milium passuum duum, alterius aquae proprias vires collegit et Tepulae rivum intercepit. Adquisitae aquae ab inventore nomen Iuliae datum est, ita tamen divisa erogatione, ut maneret Tepulae appellatio. Ductus Iuliae efficit longitudinem passuum XV milium CCCCXXVI semis: opere supra terram passuum VII milium: ex eo in proximis urbis locis a VII miliario substructione passuum DXXVIII; reliquo opere arcuato passuum VI milium CCCCLXXII. Praeter caput Iuliae transfluit aqua, quae vocatur Crabra. Hanc Agrippa omisit, seu quia improbaverat, sive quia Tusculanis possessoribus relinquendam credebat: ea namque est, quam omnes villae tractus eius per vicem in dies modulosque certos dispensatam accipiunt. Sed non eadem moderatione aquarii nostri partem potiorem eius semper in supplementum Iuliae vindicaverunt; nec ut Iuliam augerent, quam hauriebant largiendo, compendii sui gratia. Exclusi ergo Crabram et totam iussu Imperatoris reddidi Tusculanis; qui nunc forsitan non sine admiratione eam sumunt, ignari, cui causae insolitam abundantiam debeant. Iulia autem revocatis derivationibus, per quas surripiebatur, modum suum, quamvis notabili siccitate, servavit. Eodem anno Agrippa ductus Appiae, Anionis, Marciae paene dilapsos restituit, et singulari cura compluribus salientibus aquis instruxit urbem.

10. Idem cum iam tertium consul fuisset, C. Sentio, Q. Lucretio consulibus, post annum tertium decimum, quam Iuliam deduxerat, Virginem quoque in agro Lucullano collectam Romam perduxit. Dies, quo primum in urbe responderit, V. Idus Iunias invenitur. Virgo appellata est, quod quaerentibus aquam militibus puella virguncula venas quasdam monstravit: quas secuti, qui foderant, ingentem aquae modum invenerunt. Aedicula fonti adposita hanc originem pictura ostendit. Concipitur ergo via Collatia, ad miliarium octavum, palustribus locis. Signino circumiecto, continendarum scaturiginum causa, adiuvatur et compluribus aliis adquisitionibus. Venit per longitudinem passuum XIV milium CV: ex eo rivo subterraneo passuum XII milium DCCCLXV; supra terram per passus MCCXL: ex eo substructione rivo-

rum locis compluribus passuum DXL; opere arcuato passuum
DCC: adquisitionum ductus rivi subterranei efficiunt passus
MCCCCV.

11. Quae ratio moverit Augustum, providentissimum
Principem, perducendi Alsietinam aquam, quae vocatur Augusta,
non satis perspicio, nullius gratiae, immo etiam parum sa-
lubrem, ideoque nusquam in usus populi fluentem; nisi forte,
cum opus naumachiae adgrederetur, ne quid salubrioribus
aquis detraheret, hanc proprio opere perduxit et, quod naumachiae coeperat superesse, hortis subiacentibus et privatorum usibus ad irrigandum concessit. Solet tamen ex ea in
Transtiberina regione, quotiens pontes reficiuntur et a citeriore ripa aquae cessant, ex necessitate in subsidium publicorum salientium dari. Concipitur ex lacu Alsietino, via Claudia, miliario XIV, diverticulo dextrorsus passuum VI milium
D. Ductus eius efficit longitudinem passuum XXII milium
CLXXII; opere arcuato passuum CCCLVIII.

12. Idem Augustus in supplementum Marciae, quotiens
siccitates egerent auxilio, aliam aquam eiusdem bonitatis opere
subterraneo perduxit usque ad Marciae rivum, quae ab inventore adpellatur Augusta. Nascitur ultra fontem Marciae:
cuius ductus, donec Marciae accedat, efficit passus DCCC.

13. Post hos C. Caesar, qui Tiberio successit, cum
parum e publicis usibus et privatis voluptatibus septem ductus
aquarum sufficere viderentur, altero imperii sui anno, M.
Aquilio Iuliano, P. Nono Asprenate consulibus, anno urbis
conditae DCCLXXXIX, duos ductus inchoavit: quod opus Claudius magnificentissime consummavit dedicavitque, Sulla et
Titiano consulibus, anno post urbem conditam DCCCIII Kalendis Augustis. Alteri nomen, quae ex fontibus Caerulo et
Curtio perducebatur, Claudiae datum. Haec bonitate proxima est Marciae. Altera, quoniam duae Anionis in urbem
aquae fluere coeperant, ut facilius appellationibus dinosce-
rentur, Anio Vetus vocitari coepit. Alias omnes perdit.
Priori Anioni cognomentum Veteris adiectum.

14. Claudia concipitur via Sublacensi, ad miliarium
XXXVIII, diverticulo sinistrorsus intra passus CCC, ex fontibus duobus amplissimis et speciosis, Caerulo, qui a simili-

tudine adpellatus est, et Curtio. Accipit et eum fontem, qui
vocatur Albudinus, tantae bonitatis, ut Marciae quoque adiutorio, quotiens opus est, ita sufficiat, ut adiectus ei nihil
ex qualitate eius mutet. Augustae fons, quia Marcia sibi
sufficere adparebat, in Claudiam derivatus; est; manente nihilominus praesidiario in Marciam, ut ita demum Claudiam aquam
adiuvaret Augusta, si eam ductus Marciae non caperet. Claudiae ductus habet longitudinem passuum XLVI milium CCCCVI:
ex eo rivo subterraneo passuum XXXVI milium CCXXX; opere
supra terram passuum X milium CLXXVI: ex eo opere arcuato in superiori parte pluribus locis passuum III milium
LXXVI, et prope urbem a VII miliario substructione rivorum
per passus DCIX, opere arcuato passuum VI milium CCCCXCI.

15. Anio Novus via Sublacensi, ad miliarium XLII, in
Subruino excipitur ex flumine; quod, cum terras cultas circa
se habeat loci pinguis et inde ripas solutiores, etiam sine
pluviarum iniuria limosum et turbulentum fluit: ideoque a faucibus ductus interposita est piscina limaria, ubi inter amnem
et specum consisteret et liquaretur aqua. Sic quoque, quotiens imbres superveniunt, turbida pervenit in urbem. Iungitur ei rivus Herculaneus, oriens eadem via, ad miliarium
XXXVIII, e regione fontium Claudiae trans flumen viamque,
natura purissimus, sed mixtus gratiam splendoris sui amittit.
Ductus Anionis Novi efficit passus LVIII milia DCC: ex eo
rivo subterraneo passus XLIX milia CCC; opere supra terram
passus IX milia CCCC: ex eo substructionibus aut opere arcuato superiori parte pluribus locis passus II milia CCC, et
propius urbem a VII miliario substructione rivorum passus
DCIX, opere arcuato passus VI milia CCCCXCI. Hi sunt arcus
altissimi, sublevati in quibusdam locis CIX pedes.

16. Tot aquarum tam multis necessariis molibus pyra-
midas, videlicet otiosas, compares, aut inertia sed fama ce-
lebrata opera Graecorum?

17. Non alienum mihi visum est, longitudines quoque
rivorum cuiusque ductus etiam per species operum complecti.
Nam cum maxima huius officii pars in tutela eorum sit, scire
praepositum oportet, quae maiora impendia exigant. Nostra
quidem sollicitudine non sufficit, singula oculis subiecisse;

formas quoque ductuum facere curavimus, ex quibus adparet, ubi valles quantaeque, ubi flumina traicerentur, ubi montium lateribus specus adplicitae maiorem adsiduamque protegendi muniendique exigant curam. Hinc illa contingit utilitas, ut rem statim veluti in conspectu habere possimus et deliberare tamquam adsistentes.

18. Omnes aquae diversa in urbem libra perveniunt. Inde fluunt quaedam altioribus locis: et quaedam erigi in eminentiora non possunt; nam nunc colles qui sunt, propter frequentiam incendiorum excreverunt rudere. Quinque sunt, quarum altitudo in omnem partem urbis attollitur: sed ex his aliae maiori, aliae leviori pressura coguntur. Altissimus est Anio Novus, proxima Claudia, tertium locum tenet Iulia, quartum Tepula, dehinc Marcia, quae capite etiam Claudiae libram aequat. Sed veteres humiliore directura perduxerunt, sive nondum ad subtile explorata arte librandi, seu quia ex industria infra terram aquas mergebant, ne facile ab hostibus interciperentur, cum frequentia adhuc contra Italicos bella gererentur. Iam tamen quibusdam locis, sicubi ductus vetustate dilapsus est, omisso circuitu subterraneo vallium, brevitatis causa, substructionibus arcuationibusque traiciuntur. Sextum tenet librae locum Anio Vetus, similiter suffecturus etiam altioribus locis urbis, si, ubi vallium submissarumque regionum conditio exigit, substructionibus arcuationibusque vel erismis erigeretur. Sequitur huius libram Virgo, deinde Appia; quae cum ex urbano agro perducerentur, non in tantum altitudinis erigi potuerunt. Omnibus humilior Alsietina est, quae Transtiberinae regioni et maxime iacentibus locis servit.

19. Ex his sex via Latina, intra VII miliarium, contectis piscinis excipiuntur, ubi quasi respirante rivorum cursu limum deponunt. Modus quoque earum mensuris ibidem positis initur. Unantur inde Iulia, Marcia et Tepula; quarum Tepula, quae intercepta, sicut supra demonstravimus, rivo Iuliae accesserat, nunc a piscina eiusdem Iuliae modum accipit ac proprio canali et nomine venit. Hae tres a piscinis in eosdem arcus recipiuntur. Summus in his est Iuliae, inferior Tepulae; deinde Marcia. Quae ad libram collis Vi-

minalis coniunctim infra terram euntes ad Viminalem usque portam deveniunt. Ibi rursus emergunt. Prius tamen pars Iuliae, ad Spem Veterem excepta, castellis Caelii montis diffunditur. Marcia autem partem sui post hortos Pallantianos in rivum, qui vocatur Herculaneus, deicit: is per Caelium ductus, ipsius montis usibus nihil, ut inferior, subministrans, finitur supra portam Capenam.

20. Anio Novus et Claudia a piscinis in altiores arcus recipiuntur, ita ut superior sit Anio. Finiuntur arcus earum post hortos Pallantianos, et inde in usum urbis fistulis diducuntur. Partem tamen sui Claudia prius in arcus, qui vocantur Neroniani, ad Spem Veterem transfert. Hi directi per Caelium montem iuxta templum Divi Claudii terminantur. Modum, quem acceperunt, aut circa ipsum montem Caelium, aut in Palatium Aventinumque et regionem Transtiberinam dimittunt.

21. Anio Vetus circa IV miliarium infra Novi, qua a via Latina in Lavicanam itur, arcus traicit, et ibi piscinam habet. Inde intra II miliarium partem dat in specum, qui vocatur Octavianus, et pervenit in regionem viae Novae ad hortos Asinianos, unde per illum tractum distribuitur. Rectus vero ductus, secundum Spem Veterem veniens intra portam Exquilinam, in altos rivos per urbem diducitur.

22. Nec Virgo nec Appia nec Alsietina conceptacula, id est piscinas, habent. Arcus Virginis initium habent sub hortis Lucilianis, finiuntur in Campo Martio secundum frontem Septorum. Rivus Appiae, sub Caelio monte et Aventino actus, emergit, ut diximus, infra clivum Publicii. Alsietinae ductus post naumachiam, cuius causa videtur esse factus, finitur.

23. Quoniam auctores cuiusque aquae et aetates, praeterea origines et longitudines rivorum et ordinem librae persecutus sum; non alienum mihi videtur, etiam singula subicere et ostendere, quanta sit copia, quae publicis privatisque non solum usibus et auxiliis, verum etiam voluptatibus sufficit, et per quot castella quibusque regionibus diducatur, quantum extra urbem, quantum intra urbem, et ex eo quantum lacibus, quantum muneribus, quantum operibus publicis, quantum nomine Caesaris, quantum privatis usibus erogetur.

Sed rationis existimo, priusquam nomina quinariarum,

centenariarum et ceterorum modulorum, per quos mensura constituta est, proferamus, et indicare, quae sit eorum origo, quae vires, et quid quaeque adpellatio significet, propositaque regula, ad quam ratio eorum et initium computatur, ostendere, qua ratione discrepantia invenerim et quam emendandi viam sim secutus.

24. Aquarum moduli aut ad digitorum aut ad unciarum mensuram instituti sunt. Digiti in Campania et in plerisque Italiae locis, unciae in popularibus rationibus adhuc observantur. Est autem digitus, ut convenit, sextadecima pars pedis, uncia duodecima. Quemadmodum autem inter unciam et digitum diversitas, ita et ipsius digiti simplex observatio non est. Alius vocatur quadratus, alius rotundus. Quadratus tribus quartisdecimis suis rotundo maior; rotundus tribus undecimis suis quadrato minor est, scilicet quia anguli deteruntur. (25.) Postea modulus, nec ab uncia nec ab alterutro digitorum originem accipiens, inductus, ut quidam putant, ab Agrippa, ut alii, a plumbariis per Vitruvium architectum, in usum urbis exclusis prioribus venit, adpellatus quinario nomine: qui autem Agrippam auctorem faciunt, dicunt, quod quinque antiqui moduli exiles et veluti puncta, quibus olim aqua, cum exigua esset, dividebatur, in unam fistulam coacti sunt; qui Vitruvium et plumbarios, ab eo, quod plumbea lamina plana, quinque digitorum latitudinem habens, circumacta in rotundum, hunc fistulae modulum efficiat. Sed hoc incertum est; quoniam, cum circumagitur, sicut interiore parte adtrahitur, ita per illam, quae foras spectat, extenditur. Maxime probabile est, quinariam dictam a diametro quinque quadrantum; quae ratio in sequentibus quoque modulis usque ad vicenariam durat, diametro per singulos adiectione singulorum quadrantum crescente: ut in senaria, quae sex scilicet quadrantes in diametro habet, et septenaria, quae septem, et deinceps simili incremento usque ad vicenariam.

26. Omnis autem modulus colligitur aut diametro aut perimetro aut areae mensura; ex quibus et capacitas adparet. Differentiam unciae, digiti quadrati et digiti rotundi et ipsius quinariae ut facilius dinoscamus, utendum est substantia quinariae, qui modulus et certissimus et maxime receptus

est. Unciae ergo modulus habet diametri digitum unum et
trientem digiti; capit quinariam et plus quinariae octavâ, hoc
est sescunciâ quinariae et scripulis tribus et besse scripuli.
Digitus quadratus, in rotundum redactus, habet diametri digitum unum et digiti sescunciam, scripulum; capit quinariae
dodrantem, semunciam, sicilicum. Digitus rotundus habet
diametri digitum unum; capit quinariae septuncem, semunciam, sextulam.

27.   Ceterum moduli, qui a quinaria oriuntur, duobus
generibus incrementum accipiunt. Est unum, cum ipsa mul-
tiplicatur, id est eodem lumine plures quinariae includuntur;
in quibus secundum adiectionem quinariarum amplitudo luminis crescit. Est autem fere tunc in usu, cum plures quinariae, iure impetratae aquae ne in viis saepius convulnerentur
fistulae, unâ fistulâ excipiuntur in castellum, ex quo singuli
suum modum recipiunt. (28.) Alterum genus est, quotiens
non ad quinariarum necessitatem fistula incrementum capit,
sed ad diametri sui mensuram: secundum quod et nomen accipit et capacitatem ampliat. Ut puta quinaria, cum adiectus est ei ad diametrum quadrans, senariam facit: nec iam
in solidum capacitatem ampliat; capit enim quinariam unam
et quincuncem, sicilicum. Et deinceps eadem ratione quadran-
tibus diametro adiectis, ut supra dictum est, crescunt septenaria, octonaria, usque ad vicenariam,

29.   Subsequitur illa ratio, quae constat ex numero digitorum quadratorum, qui area, id est lumine, cuiusque
moduli continentur; a quibus et nomen fistulae accipiunt: nam
quae habet areae, id est luminis in rotundum coacti, digitos
quadratos viginti quinque, vicenum quinum adpellatur: similiter tricenaria, et deinceps per incrementum digitorum quadratorum usque ad centenum vicenum. (30.) In vicenaria fistula,
quae in confinio utriusque rationis posita est, utraque ratio
paene congruit. Nam habet secundum eam computationem,
quae in antecedentibus modulis servanda est, in diametro
quadrantes viginti, cum diametri eiusdem digiti quinque sint:
et secundum eorum modulorum rationem, qui sequuntur ad
eam, habet digitorum quadratorum exiguo minus viginti.

31.   Ratio fistularum quinariarum usque ad centenum

vicenum per omnes modulos ita se habet, ut ostendimus;
et omni genere inita constat sibi: convenit et cum his modulis, qui in commentariis invictissimi et piissimi Principis
positi et confirmati sunt. Sive itaque ratio sive auctoritas
sequenda est, utroque commentariorum moduli praevalent.
Sed aquarii cum manifestae rationi in pluribus consentiant,
in quattuor modulis novaverunt, duodenaria et vicenaria et
centenaria et centenum vicenum. (32.) Et duodenariae quidem nec magnus error nec usus frequens est: cuius diametro adiecerunt digiti semunciam, sicilicum, capacitati quinariae quadrantem. In reliquis autem tribus modulis plus deprehenditur. Vicenariam exiguiorem faciunt diametro digiti
semisse, capacitate quinariis tribus et semuncia: quo modulo
plerumque erogatur. Centenaria autem et centenum vicenum,
quibus adsidue accipiunt, non minuuntur, sed augentur. Diametro enim centenariae adiciunt digiti bessem et semunciam,
capacitati quinarias decem, semissem, semunciam, sicilicum.
Centenum vicenum diametro adiciunt digitos tres, septuncem,
semunciam, capacitati quinarias LXV, dodrantem, sicilicum.
(33.) Ita, dum aut vicenariae, qua subinde erogant, detra-
hunt, aut centenariae et centenum vicenum adiciunt, quibus
semper accipiunt, intercipiuntur in centenaria quinariae XXV,
dextans, sextula, in centenum vicenum quinariae LXXXIV,
uncia, sicilicus. Quod cum ratione adprobetur, re quoque
ipsa manifestum est. Nam pro vicenaria, quam Caesar pro
quinariis sedecim adsignat, non plus erogant, quam trede-
cim; et ex centenaria, quam ampliaverunt, aeque certum est,
illos non erogare nisi ad artiorem numerum: quia Caesar
secundum suos commentarios, cum ex quaque centenaria ex-
plevit quinarias LXXXI, semissem, item ex centenum vicenum
quinarias XCVII et dodrantem, tamquam exhausto modulo,
desinit distribuere.

34. In summa moduli sunt XXV. Omnes consentiunt
et rationi et commentariis, exceptis his quattuor, quos aquarii novaverunt. Omnia autem, quae mensura continentur,
certa et immobilia congruere sibi debent: ita enim et uni-
versitati ratio constabit. Et quemadmodum verbi gratia sex-
tarii ratio ad cyathos, modii vero et ad sextarios et ad cya-

thos respondent; ita et quinariarum multiplicatio in amplio-
ribus modulis servare consequentiae suae regulam debet:
alioquin, cum in erogatorio modulo minus invenitur, in ac-
ceptorio plus, adparet non errorem esse sed fraudem.

35. Meminerimus, omnem aquam, quotiens ex altiore
loco venit et intra breve spatium in castellum cadit, non tantum respondere modulo suo, sed etiam exuberare; quotiens
vero ex humiliore, id est minore pressura, longius ducatur,
segnitia ductus modum quoque deperdere: ideo secundum
hanc rationem aut onerandam esse erogationem aut rele-
vandam.

36. Sed et calicis positio habet momentum. In rectum
et ad libram conlocatus, modum servat; ad cursum aquae
obpositus et devexus, amplius rapit; ad latus praetereuntis
aquae conversus et supinus, id est ad haustum pronior, segni-
ter exiguum sumit. Est autem calix modulus aeneus, qui
rivo vel castello induitur; huic fistulae adplicantur. Longitudo eius habere debet digitos non minus duodecim; lumen,
id est capacitatem, quanta imperata fuerit. Excogitatus videtur, quoniam rigor aeris, difficilior ad flexum, non temere
potest laxari vel coartari.

37. Formulas modulorum, qui sunt, omnes viginti quinque subieci, quamvis in usu quindecim tantum frequentes
sint, directos ad rationem, de qua locuti sumus, emendatis
quattuor, quos aquarii novaverunt: secundum quam et fistulae omnes, quae opus facient, dirigi debent, aut, si hae
fistulae manebunt, ad quinarias, quot capient, computari.

38. Qui non sunt in usu moduli, in ipsis est adnota-
tum. * * *

39. Fistula quinaria (habet) diametri digitum unum,
quadrantem; perimetri digitos tres, deuncem, scripula tria:
capit quinariam unam.

40. Fistula senaria diametri digitum unum, semissem;
perimetri digitos quattuor, bessem, semunciam, scripulum:
capit quinariam unam, quincuncem, sicilicum.

41. Fistula septenaria diametri digitum unum, dodrantem; perimetri digitos quinque, semissem: capit quinariam
unam, deuncem, semunciam. In usu non est.

42. Fistula octonaria diametri digitos duos; perimetri digitos sex, quadrantem, duellam: capit quinarias duas, semissem, semunciam, sicilicum.

43. Fistula denaria diametri digitos duos et semissem; perimetri digitos septem, dextantem, sicilicum: capit quinarias quattuor.

44. Fistula duodenaria diametri digitos tres; perimetri digitos novem, quincuncem, scripula duo: capit quinarias quinque, dodrantem. In usu non est. Apud aquarios habebat diametri digitos tres, semunciam, sicilicum; capacitatis quinarias sex.

45. Fistula quinum denum diametri digitos tres, dodrantem; perimetri digitos undecim, dodrantem, duellam: capit quinarias novem.

46. Fistula vicenaria diametri digitos quinque; perimetri digitos quindecim, bessem, semunciam: capit quinarias sedecim. Apud aquarios habebat diametri digitos quattuor, semissem; capacitatis quinarias duodecim, deuncem, semunciam.

47. Fistula vicenum quinum diametri digitos 'quinque, septuncem, semunciam, sextulam, scripulum; perimetri digitos septemdecim, bessem, semunciam, sicilicum: capit quinarias viginti, trientem, semunciam. In usu non est.

48. Fistula tricenaria diametri digitos sex, sextantem, sextulam; perimetri digitos undeviginti, quincuncem: capit quinarias viginti quattuor, quincuncem, duellam.

49. Fistula tricenum quinum diametri digitos sex, bessem, scripula tria; perimetri digitos viginti, deuncem, semunciam, sicilicum: capit quinarias duodetriginta, semissem, sicilicum. In usu non est.

50. Fistula quadragenaria diametri digitos septem, sescunciam, sextulam; perimetri digitos viginti duo, quincuncem: capit quinarias viginti duas, septuncem, sextulam.

51. Fistula quadragenum quinum diametri digitos septem, semissem, semunciam, duellam; perimetri digitos viginti tres, dodrantem, duellam: capit quinarias triginta sex, bessem. In usu non est.

52. Fistula quinquagenaria diametri digitos septem,

deuncem, semunciam, sicilicum; perimetri digitos viginti quinque, semunciam, sicilicum: capit quinarias quadraginta, dodrantem.

53.　Fistula quinquagenum quinum diametri digitos octo,
trientem, sicilicum, sextulam; perimetri digitos viginti sex,
quadrantem, semunciam: capit quinarias quadraginta quattuor,
dodrantem, semunciam, duellam.　In usu non est.

54.　Fistula sexagenaria diametri digitos octo, bessem,
semunciam, duellam, scripulam; perimetri digitos viginti septem, quincuncem, semunciam: capit quinarias quadraginta
octo, dextantem, semunciam, sextulam.

55.　Fistula sexagenum quinum diametri digitos novem,
unciam, sextulam; perimetri duodetriginta, semissem, semunciam, sicilicum, sextulam: capit quinarias quinquaginta duas,
deuncem, semunciam.　In usu non est.

56.　Fistula septuagenaria diametri digitos novem, quincuncem, duellam; perimetri digitos undetriginta, bessem: capit quinarias quinquaginta septem, semunciam.

57.　Fistula septuagenum quinum diametri digitos novem,
dodrantem, sicilicum; perimetri digitos triginta, bessem, duellam: capit quinarias sexaginta unam, unciam, duellam.　In
usu non est.

58.　Fistula octogenaria diametri digitos decem, semunciam, duellam, sicilicum; perimetri digitos triginta unum,
bessem, duellam: capit quinarias sexaginta quinque, sextantem, sicilicum.

59.　Fistula octogenum quinum diametri digitos decem,
trientem, semunciam, duellam; perimetri digitos triginta duo,
bessem, sextulam: capit quinarias undeseptuaginta, quadrantem, sextulam.　In usu non est.

60.　Fistula nonagenaria diametri digitos decem, bessem, duellam, scripula tria; perimetri digitos triginta tres,
septuncem, duellam, sicilicum: capit quinarias septuaginta
tres, trientem.

61.　Fistula nonagenum quinum diametri digitos undecim:
perimetri digitos triginta quattuor, semissem, semunciam,
sextulam: capit quinarias septuaginta septem, quincuncem.
In usu non est.

62. Fistula centenaria diametri digitos undecim, quadrantem, sicilicum, sextulam: perimetri digitos triginta quinque, quincuncem, sicilicum, sextulam: capit quinarias octoginta unam, quincuncem, semunciam, duellam. Apud aquarios habebat diametri digitos undecim, deuncem, semunciam, sicilicum, sextulam; capacitatis quinarias nonaginta duas, duellam, sicilicum.

63. Fistula centenum vicenum diametri digitos duodecim, trientem, duellam: perimetri digitos duodequadraginta, dextantem: capit quinarias nonaginta septem, dodrantem, sicilicum, sextulam. Apud aquarios habebat diametri digitos quindecim, deuncem, semunciam, duellam; capacitatis quinarias centum sexaginta tres, semissem, semunciam, sextulam: qui modus duarum centenariarum est.

64. Persecutus ea, quae de modulis dici fuit necessarium, nunc ponam, quem modum quaeque aqua, ut Principum commentariis comprehensum est, usque ad nostram curam habere visa sit quantumque erogaverit; deinde quem ipsi scrupulosa inquisitione, praeeunte providentia optimi diligentissimique Nervae Principis, invenerimus. Fuere ergo in commentariis in universo quinariae XII milia DCCLV, in erogatione XIV milia XVIII; plus in distributione quam in accepto computabatur quinariis MCCLIII. Huius rei admiratio, cum praecipuum officii opus in exploranda fide aquarum atque copia crederem, non mediocriter me convertit ad scrutandum, quemadmodum amplius erogaretur, quam in patrimonio, ut ita dicam, esset. Ante omnia itaque capita ductuum metiri aggressus sum; sed longe, id est circiter quinariarum decem milibus, ampliorem quam in commentariis modum inveni, ut per singulas demonstrabo.

65. Appiae in commentariis adscriptus est modus quinariarum DCCCXLI. Cuius quidem ad caput inveniri mensura non potuit, quoniam ex duobus rivis constat. Ad Gemellas tamen, qui locus est inter Spem Veterem, ubi iungitur cum ramo Augustae, inveni altitudinem aquae pedum quinque, latitudinem pedis unius, dodrantis: fiunt areae pedes octo, dodrans: centenariae viginti duae et quadragenaria; quae efficiunt quinarias MDCCCXXV, amplius, quam in commentariis

habet, quinariis DCCCCLXXXIV. Erogabat quinarias DCCIV,
minus, quam in commentariis adscribitur, quinariis CXXXVII,
et adhuc minus, quam ad Gemellas mensura respondet,
quinariis MCXXI. Intercidit tamen aliquantum e ductus vitio,
qui, cum sit depressior, non facile manationes ostendit, quas
esse ex eo adparet, quod in plerisque urbis partibus per-
dita aqua observatur, id est quae ex ea manat. Sed et
quasdam fistulas intra urbem inlicitas deprehendimus. Extra
urbem autem propter pressuram librae, quam vidi infra terram ad caput pedibus quinquaginta, nullam accepit iniuriam.

66. Anioni Veteri adscriptus est modus in commentariis quinariarum MCCCCXLI. Ad caput inveni IV milia
CCCXCVIII, praeter eum modum, qui in proprium ductum
Tiburtium derivatur; amplius, quam in commentariis est,
quinariis II milibus DCCCCLVII. Erogabantur, antequam ad
piscinam veniret, quinariae CCLXII: modus in piscina, qui per
mensuras positas initur, efficit quinarias II milia CCCLXII: inter-
cidebant ergo inter caput et piscinam quinariae MDCCLXXIV.
Erogabat post piscinam quinarias MCCCXLVIII: amplius, quam
in commentariis conceptionis modum significari diximus, quinariis CLXIX: minus, quam recipi in ductum post piscinam
posuimus, quinariis MXIV. Summa, quae inter caput et piscinam et post piscinam intercidebat, quinariarum II milium
DCCLXXXVIII: quod errore mensurae fieri suspicarer, nisi
invenissem, ubi averterentur.

67. Marciae in commentariis adscriptus est modus
quinariarum II milium CLXII. Ad caput mensus inveni quinarias IV milia DCXC: amplius, quam in commentariis est,
quinariis II milibus DXXVIII. Erogabantur, antequam ad
piscinam perveniret, quinariae XCV; et dabantur in adiutorium
Tepulae quinariae XCII; item Anioni quinariae CLXIV: summa,
quae erogabatur ante piscinam, quinariarum CCCLI. Modus,
qui in piscina mensuris positis initur, idem cum eo, qui
circa piscinam [ductum eodem canali] in arcus excipitur,
efficit quinarias II milia DCCCCXLIV. Summa, quae aut erogatur ante piscinam, aut quae in arcus recipitur, quinariarum III milium CCXCV: amplius, quam in conceptis commentariorum positum est, quinariis MCXXXIII; minus, quam

mensurae ad caput actae efficiunt, quinariis MCCCXCV. Erogabat post piscinam quinarias MDCCCXL: minus, quam in commentariis conceptionis modum significari diximus, quinariis CCXXVII; minus, quam ex piscina in arcus recipiuntur, quinariis MCIV. Summa utraque, quae intercidebat aut inter caput et piscinam aut post piscinam, quinariarum II milium CCCCXCIX: quas, sicut in ceteris, pluribus locis intercipi deprehendimus. Non enim eas cessare, manifestum et ex hoc est, quod ad caput praeter eam mensuram, quam comprehendisse nos capacitate ductus posuimus, effunduntur amplius CCC quinariis.

68. Tepulae in commentariis adscriptus est modus quinariarum CCCC. Huius aquae fontes nulli sunt: venis quibusdam constabat, quae interceptae sunt in Iulia. Caput ergo eius observandum est a piscina Iuliae: ex ea enim primum accipit quinarias CXC; deinde statim ex Marcia quinarias XCII; praeterea ex Anione Novo ad hortos Epaphroditianos quinarias CLXIII. Fiunt omnes quinariae CCCCXLV; amplius, quam in commentariis, quinariis XLV, quae in erogatione comparent.

69. Iuliae in commentariis adscriptus est modus quinariarum DCXLIX. Ad caput mensura iniri non potuit, quoniam ex pluribus adquisitionibus constat; sed ad VI ab urbe miliarium universa in piscinam recipitur, ubi modus eius manifestis mensuris efficit quinarias MCCVI: amplius, quam in commentariis, quinariis DLVII. Praeterea accepit prope urbem post hortos Pallantianos ex Claudia quinarias CLXII. Est omne Iuliae in acceptis quinariae MCCCLXVIII. Ex eo dat in Tepulam quinarias CXC; erogat suo nomine DCCCIII. Fiunt, quas erogat, quinariae DCCCCXCIII: amplius, quam in commentariis habet, quinariis CCCXLIV; minus, quam in piscina habere posuimus, CCXIII: quas ipsas apud eos, qui sine beneficiis Principis usurpabant, deprehendimus.

70. Virgini in commentariis adscriptus est modus quinariarum DCCLII minus. Mensura ad caput inveniri non potuit, quoniam ex pluribus adquisitionibus constat et lenior rivo intrat. Prope urbem tamen ad miliarium II in agro, qui nunc est Ceionii Commodi, ubi velociorem cursum habet,

8*

mensuram egi, quae efficit quinarias II milia DIV: amplius, quam in commentariis, quinariis MDCCLII. Omnibus adprobatio nostra expeditissima est: erogat enim omnes, quas mensura deprehendimus, id est II milia DIV.

71. Alsietinae conceptionis modus nec in commentariis adscriptus est, nec in re praesenti certus inveniri potuit; cum ex lacu Alsietino et deinde circa Careias ex Sabatino accipiat, quantum aquarii temperaverunt. Alsietina erogat quinarias CCCXCII.

72. Claudia, abundantior aliis, maxime iniuriae exposita est. In commentariis habet non plus quinariis II milibus DCCCLV; cum ad caput invenerim quinarias IV milia DCVII: amplius, quam in commentariis, MDCCLII. Adeo autem nostra certior est mensura, ut ad VII ab urbe miliarium in piscina, ubi indubitatae mensurae sunt, inveniamus quinarias III milia CCCXII: plus, quam in commentariis, CCCCLVII: quamvis et ex beneficiis ante piscinam eroget, et plurimum subtrahi deprehenderimus, ideoque minus inveniatur, quam re vera esse debeat, quinariis MCCXCV. Circa erogationem autem fraus adparet, quae neque ad commentariorum fidem, neque ad eas, quas ad caput egimus, mensuras, neque ad illas saltem ad piscinam, scilicet post tot iniurias, convenit. Solae enim quinariae MDCCL erogantur: minus, quam commentariorum ratio dat, quinariis MCV; minus autem, quam mensurae ad caput factae demonstraverunt, quinariis II milibus DCCCCLVII; minus etiam, quam in piscina invenitur, quinariis MDLXII. Ideoque cum sincera in urbem proprio rivo perveniret, in urbe miscebatur cum Anione Novo, ut, confusione facta, et conceptio earum et erogatio esset obscurior. Quod si qui me forte adquisitionum mensuris blandiri putant, admonendi sunt, adeo Curtium et Caerulum fontes aquae Claudiae sufficere ad praestandas ductui suo quinarias, quas significavi, IV milia DCVII, ut praeterea MDC effundantur. Nec eo inficias, quin ea, quae superfluunt, non sint proprie horum fontium: capiuntur enim ex Augusta, quam inventam in Marciae supplementum, dum illa non indiget, adiecimus fontibus Claudiae, quamvis ne huius quidem ductus omnem aquam recipiat.

73. Anio Novus in commentariis habere ponebatur quinarias III milia CCLXIII. Mensus ad caput repperi quinarias IV milia DCCXXXVIII: amplius, quam in conceptis commentariorum est, quinariis MCCCCLXXV. Quarum adquisitionem non avide me amplecti, quo alio modo manifestius probem, quam quod in erogatione ipsorum commentariorum maior pars earum continetur? Erogantur enim quinariae IV milia CC; cum alioquin in eisdem commentariis inveniatur conceptio non amplius, quam III milium CCLXIII. Praeterea intercipi non tantum DXXVII, quae inter mensuras nostras et erogationem intersunt, sed longe ampliorem modum deprehendi. Ex quo adparet, etiam exuberare comprehensam a nobis mensuram. Cuius rei ratio est, quod vis aquae rapacior, ut ex largo et celeri flumine excepta, velocitate ipsa ampliat modum.

74. Non dubito, aliquos adnotaturos, quod longe maior copia actis mensuris inventa sit, quam in commentariis Principum. Cuius rei causa est error eorum, qui ab initio parum diligenter uniuscuiusque fecerunt aestimationem. Ac ne metu aestatis aut siccitatum in tantum a veritate eos recessisse credam, obstat, quod, ipso actis mensuris Iulio mense, hanc uniuscuiusque copiam, quae supra scripta est, tota deinceps aestate durantem exploravi. Quaecunque tamen est causa, quae praecedit, illud utique detegitur, decem milia quinariarum intercidisse; dum beneficia sua Principes secundum modum in commentariis adscriptum temperant.

75. Sequens diversitas est, quod alius modus concipitur ad capita, alius nec exiguo minor in piscinis, minimus deinde distributione continetur. Cuius rei causa est fraus aquariorum, quos aquas ex ductibus publicis in privatorum usus derivare deprehendimus. Sed et plerique possessorum, e quorum agris aqua circumducitur, subinde formas rivorum perforant; unde fit, ut ductus publici hominibus privatis vel ad hortorum usum itinera suspendant.

76. Ac de vitiis eiusmodi nec plura nec melius dici possunt, quam a Caelio Rufo dicta sunt in ea concione, cui titulus est DE AQUIS. Quae nunc nos omnia simili licentia usurpata, utinam non per offensas, probaremus: irriguos

agros, tabernas, coenacula etiam, corruptelas denique omnes perpetuis salientibus instructas invenimus. Nam quod falsis titulis aliae pro aliis aquae erogabantur, etiam sunt inter leviora ceteris vitia. Inter ea tamen, quae emendationem videbantur exigere, numerandum est, quod fere circa montem Caelium et Aventinum accidit. Qui colles, priusquam Claudia perduceretur, utebantur Marcia et Iulia. Sed postquam Nero Imperator Claudiam, opere arcuato altius exceptam, usque ad templum Divi Claudii perduxit, ut inde distribueretur, priores non ampliatae sed omissae sunt: nulla enim castella adiecit, sed iisdem usus est, quorum, quamvis mutata aqua, vetus adpellatio permansit.

77.   Satis iam de modo cuiusque et veluti nova quadam adquisitione aquarum, et fraudibus et vitiis, quae circa eas erant, dictum est. Superest, ut erogationem, quam confertam, ut sic dicam, in massam invenimus, immo etiam falsis nominibus positam, per nomina aquarum, uti quaeque se habet, et per regiones urbis digeramus. Cuius comprehensionem scio non ieiunam tantum sed etiam perplexam videri posse: ponemus tamen quam brevissime, ne quid velut formulae officii desit iis, quibus sufficiet cognovisse summa, licebit transire leviora.

78.   Ut ergo distributio quinariarum XIV milium XVIII, ita et . . . . quia . . . . quae ex quibusdam aquis in adiutorium aliarum dantur et bis in speciem erogationis cadunt, semel in computationem veniunt. Ex his dividuntur extra urbem quinariae IV milia LXIII: ex quibus nomine Caesaris quinariae MDCCXVIII, privatis quinariae II milia CCCXLV. Reliquae intra urbem IX milia DCCCCLV distribuebantur in castella CCXLVII: ex quibus erogabantur sub nomine Caesaris quinariae MDCCVII semis, privatis quinariae III milia DCCCXLVII, usibus publicis quinariae IV milia CCCCI: ex eo castris XIX quinariae CCLXXIX, operibus publicis XCV quinariae II milia CCCCI, muneribus XXXIX quinariae CCCLXXXVI, lacibus DXCI quinariae MCCCXXXV. Sed et haec ipsa dispensatio per nomina aquarum et regiones urbis partienda est.

. 79.   Ex quinariis ergo XIV milibus XVIII, quam sum-

mam erogationibus omnium aquarum seposuimus, dantur nomine Appiae extra urbem quinariae tantummodo V, quoniam
humilior oritur; et a metitoribus reliquae quinariae DCXCIX
intra urbem dividebantur per regiones II, VIII, IX, XI, XII,
XIII, XIV in castella XX: ex quibus nomine Caesaris quinariae CLI, privatis quinariae CXCIV, usibus publicis quinariae CCCLIV: ex eo castris I quinariae III, operibus publicis XIV quinariae CXXIII, muneri I quinariae II, lacibus XCII
quinariae CCXXVI.

80.   Anionis Veteris erogabantur extra urbem nomine
Caesaris quinariae CIV, privatis quinariae CCCCIV.   Reliquae
quinariae MCII semis extra urbem dividebantur per regiones
I, III, IV, V, VI, VII, VIII, IX, XII, XIV in castella
XXXV: ex quibus nomine Caesaris quinariae LX, usibus privatis quinariae CCCCXC, publicis quinariae DLII: ex eo castris I quinariae L, operibus publicis XIX quinariae CXCV,
muneribus IX quinariae LXXXVIII, lacibus XCIV quinariae
CCXVIII.

81.   Marciae erogabantur extra urbem nomine Caesaris
quinariae CCLXIX, privatis DLXVIII.   Reliquae quinariae
MXCVIII intra urbem dividebantur per regiones I, III, IV,
V, VI, VII, VIII, IX, X, XIV in castella LI: ex quibus nomine Caesaris quinariae CXVI, privatis quinariae DXLIII,
usibus publicis quinariae CCCCXXXIX, castris IV quinariae
XLI, operibus publicis XV quinariae XLI, muneribus XII
quinariae CIV, lacibus CXIII quinariae CCLIII.

82.   Tepulae erogabantur extra urbem nomine Caesaris
quinariae LVIII, privatis LVI.   Reliquae quinariae CCCXXXI
intra urbem dividebantur per regiones IV, V, VI, VII in castella XIV: ex quibus nomine Caesaris quinariae XXXIV,
privatis quinariae CCXLVII, usibus publicis quinariae L: ex
eo castris I quinariae XII, operibus publicis III quinariae
VII, lacibus XIII quinariae XXXI.

83.   Iuliae fluebant extra urbem nomine Caesaris quinariae LXXXV, privatis quinariae CXXI.   Reliquae quinariae
DXCVII intra urbem dividebantur per regiones II, III, V, VI,
VIII, X, XII in castella XVII: ex quibus nomine Caesaris
quinariae XVIII, privatis CXCVI, usibus publicis quinariae

CCCLXXXIII: ex eo castris III quinariae LXIX, operibus publicis X quinariae CLXXII, muneribus III quinariae LXVII, lacibus XXVIII quinariae LXV.

84. Virginis nomine exibant extra urbem quinariae CC. Reliquae quinariae II milia CCCIV intra urbem dividebantur per regiones VII, IX, XIV in castella XVIII: ex quibus nomine Caesaris quinariae DXLIX, privatis quinariae CCCXXXVIII, usibus publicis MCCCCXVII: ex eo muneribus II quinariae XXVI, lacibus XXV quinariae LXI, operibus publicis XVI quinariae MCCCXXX; in quibus. per se euripo, cui ipsa nomen dedit, quinariae CCCCLX.

85. Alsietinae quinariae CCCXCII. Haec tota extra urbem consumitur, nomine Caesaris quinariae CCLIV, privatis quinariae CXXXVIII.

86. Claudia et Anio Novus extra urbem proprio quaeque rivo erogabantur; intra urbem confundebantur. Et Claudia quidem extra urbem dabat nomine Caesaris quinarias CCXVII, privatis quinarias CCCCXXXIX; Anio Novus nomine Caesaris quinarias DCCXXXI, privatis CCCCXIV. Reliquae utriusque quinariae III milia DCCCXXIV intra urbem dividebantur per regiones urbis XIV, in castella XCII: ex quibus nomine Caesaris quinariae DCCLXXIX, usibus privatis quinariae MDCCCXXXIX, usibus publicis quinariae MCCVI: ex eo castris IX quinariae CIV, operibus publicis XVIII quinariae DXXII, muneribus XII quinariae XCIX, lacibus CCXXVI quinariae CCCCLXXXI.

87. Haec copia aquarum, ad Divum Nervam Imperatorem usque computata, ad hunc modum describebatur. Nunc providentia diligentissimi Principis, quicquid aut fraudibus aquariorum intercipiebatur, aut inertia pervertebatur, quasi nova inventione fontium adcrevit. Ac prope publicata ubertas est; tamen et sedula deinde partitione distributa, ut regionibus, quibus singulae serviebant aquae, plures darentur: tamquam Caelio et Aventino, in quos sola Claudia per arcus Neronianos ducebatur: quo fiebat, ut, quotiens refectio aliqua intervenisset, celeberrimi colles sitirent. Quibus nunc plures aquae, et in primis Marcia reddita ampliore opere a Caelio in Aventinum usque perducitur. Atque etiam omni parte

urbis lacus, tam novi quam veteres, plerique binos salientes diversarum aquarum acceperunt, ut, si casus alterutram impedisset, altera sufficiente non destitueretur usus.

88.   Sentit hanc curam Imperatoris piissimi Nervae Principis sui regina et domina orbis in dies; et magis sentiet salubritas eiusdem aeternae urbis, aucto castellorum, operum, munerum et· lacuum numero.   Nec minus ad privatos commodum ex incremento beneficiorum eius diffunditur: illi quoque, qui timidi inlicitam aquam ducebant, securi nunc ex beneficiis fruuntur.   Ne pereuntes quidem aquae otiosae sunt: alia iam munditiarum facies; purior spiritus; et causae gravioris coeli, quibus apud veteres urbis infamis aër fuit, sunt remotae.

Non praeterit me, deberi operi novae erogationis ordinationem; sed haec cum incremento adiunxerimus, intelligi oportet, non esse ea ponenda, nisi consummata fuerint.

89.   Quid, quod ne hoc diligentiae Principis, quam exactissimam civibus suis praestat, sufficit, parum praesidiis ac voluptatibus nostris contulisse sese credentis, quod tantam copiam adiecit, nisi eam ipsam sinceriorem iucundioremque faciat?   Operae pretium est, ire per singula, per quae ille occurrendo vitiis quarundam universis adiecit utilitatem. Etenim quando civitas nostra, cum vel exigui imbres supervenerant, non turbulentas limosasque aquas habuit?   Nec quia hoc universis ab origine naturae est, aut quia istud incommodum sentire debeant quot capiuntur ex fontibus; in primis Marcia et Claudia, ac reliquae, quarum splendor, a capite integer, nihil aut minimum pluvia inquinatur, si putea exstructa et obiecta sint.

90.   Duae aquae Anionis minus permanent limpidae; nam sumuntur ex flumine, ac saepe etiam sereno turbantur: quoniam Anio, quamvis purissimo defluens lacu, mollibus tamen cedentibus ripis, aufert aliquid, quo turbetur, priusquam deveniat in rivos: quod incommodum non solum hibernis ac vernis, sed aestivis imbribus sentit, quo tempore gratior aquarum sinceritas exigitur.   (91.)   Et alter quidem ex his, id est Anio Vetus, cum plerisque libra sit inferior, incommodum intra se tenet.   Novus autem Anio vitiabat ce-

teras: nam, cum editissimus veniat et in primis abundans,
defectioni aliarum succurrit. Imperitia vero aquariorum, de-
ducentium in alienos eum specus frequentius, quam exple-
mento opus erat, etiam sufficientes aquas inquinabat, maxime
Claudiam, quae, per multa milia passuum proprio ducta rivo,
Romae demum cum Anione permixta, in hoc tempus per-
debat proprietatem. Adeoque obvenientibus non succurre-
batur, ut pleraeque accerserentur per imprudentiam non uti
dignum erat partientium; Marciam ut ipsam, splendore ac
frigore gratissimam, balneis ac fullonibus et relatu quoque
foedis ministeriis deprehenderimus servientem. (92.) Omnes
ergo discerni placuit, tum singulas ita ordinari, ut in primis
Marcia potui tota serviret, et deinceps reliquae secundum
suam quaeque qualitatem aptis usibus adsignarentur, sicut
Anio Vetus pluribus ex causis, quo inferior excipitur minus
salubris, in hortorum rigationem atque in ipsius urbis sordidiora exiret ministeria. (93.) Nec satis fuit Principi nostro ceterarum restituisse copiam et gratiam: Anionis quoque
Novi vitia excludi posse vidit. Omisso enim flumine, repeti
ex lacu, qui est super villam Neronianam Sublacensem, ubi
limpidissimus est, iussit. Nam cum oriatur Anio supra Tre-
bam Augustam, seu quia per saxosos montes decurrit, paucis circa ipsum oppidum obiacentibus cultis, seu quia lacuum
altitudine, in quos excipitur, velut defaecatur, imminentium
quoque nemorum opacitate inumbratus, frigidissimus simul et
splendidissimus eo pervenit. Haec tam felix proprietas aquae,
omnibus dotibus aequatura Marciam, copia vero superatura,
veniet in locum deformis illius ac turbidae, novum auctorem
IMPERATOREM CAESAREM NERVAM TRAIANUM AUGUSTUM
praescribente titulo.

94. Sequitur, ut indicemus, quod ius ducendae tuen-
daeque sit aquae: quorum alterum ad cohibendos intra modum impetrati beneficii privatos, alterum ad ipsorum ductuum
pertinet tutelam. In quibus dum altius repeto leges de singulis perlatas, quaedam apud veteres aliter observata inveni:
apud quos omnis aqua in usus publicos erogabatur, et cautum ita fuit: NE QUIS PRIVATUS AQUAM ALIAM DUCAT,
QUAM QUAE EX LACU HUMUM ACCIDIT: (haec enim sunt

verba eius legis:) id est quae ex lacu abundavit: eam nos
caducam vocamus. Et haec ipsa non in alium usum, quam
in balnearum et fullonicarum dabatur; eratque vectigalis,
statuta mercede, quae in publico impenderetur: aliquid et
in domos principum civitatis dabatur, concedentibus reliquis.

95. Ad quem autem magistratum ius dandae vendendaeve aquae pertinuerit, in iis ipsis legibus variatur: interdum enim ab aedilibus, interdum a censoribus permissum invenio; sed adparet, quotiens in re publica censores erant,
ab illis potissimum petitum, cum ii non erant, aedilium eam
potestatem fuisse. Ex quo manifestum est, quanto potior
cura maioribus communium utilitatum quam privatarum volup-
tatum fuerit, cum etiam ea aqua, quam privati ducebant,
ad usum publicum pertineret.

96. Tutelam autem singularum aquarum locari solitam
invenio, positamque redemptoribus necessitatem, certum numerum circa ductus extra urbem, certum in urbe servorum
opificum habendi, et quidem ita, ut nomina quoque eorum,
quos habituri essent in ministerio per quasque regiones, in
tabulas publicas deferrent; eorumque operum probandorum
curam fuisse penes censores aliquando et aediles, interdum
etiam quaestoribus eam provinciam obvenisse, ut adparet ex
senatus consulto, quod factum est C. Licinio Caesulla et
Q. Fabio censoribus.

97. Quanto opere autem curae fuerit, ne quis violare
ductus aquamve non concessam derivare auderet, cum ex
multis adparere potest, tum et ex hoc, quod Circus Maximus
ne diebus quidem ludorum Circensium nisi aedilium aut cen-
sorum permissu irrigabatur: quod durasse etiam postquam res
ad curatores transiit sub Augusto, apud Atteium Capitonem
legimus. Agri vero, qui aqua publica contra legem essent
irrigati, publicabantur. Mancipi etiam, si omnino quid servus eius adversus legem fecisset, multa dicebatur. In iisdem
legibus adiectum est ita: NE QUIS AQUAM OLETATO DOLO
MALO, UBI PUBLICE SALIET. SI QUIS OLETARIT, SE-
STERTIORUM X MILIUM MULTA ESTO. Oletato videtur esse
olidam facito. Cuius rei causa aediles curules iubebantur
per vicos singulos ex iis, qui in unoquoque vico habitarent

praediave haberent, binos praeficere, quorum arbitratu aqua in publico saliret.

98. Primus M. Agrippa post aedilitatem, quam gessit consularis, operum suorum et munerum velut perpetuus curator fuit: qui iam copia permittente descripsit, quid aquarum publicis operibus, quid lacibus, quid privatis daretur. Habuit et familiam propriam, aquarum quae tueretur ductus atque castella et lacus. Hanc Augustus hereditate ab eo sibi relictam publicavit.

99. Post eum, Q. Aelio Tuberone, Paulo Fabio Maximo consulibus, in re, quae usque in id tempus, quasi potestate acta, certo iure eguit, senatus consulta facta sunt ac lex promulgata. Augustus quoque edicto complexus est, quo iure uterentur, qui ex commentariis Agrippae aquas haberent, tota re in sua beneficia translata. Modulos etiam, de quibus dictum est, constituit, et rei continendae exercendaeque curatorem fecit Messalam Corvinum, cui adiutores dati Postumius Sulpicius praetorius et L. Cominius pedarius: insignia eis quasi magistratibus concessa, deque eorum officio senatus consultum factum, quod infra scriptum est.

100. QUOD Q. AELIUS TUBERO, PAULUS FABIUS MAXIMUS COSS. V. F. DE IIS, QUI CURATORES AQUARUM PUBLICARUM EX CONSENSU SENATUS A CAESARE AUGUSTO NOMINATI ESSENT, ORDINANDIS, D. E. R. Q. F. P. D. E. R. I. C. PLACERE HUIC ORDINI, EOS, QUI AQUIS PUBLICIS PRAEESSENT, CUM EIUS REI CAUSA EXTRA URBEM ESSENT, LICTORES BINOS ET SERVOS PUBLICOS TERNOS, ARCHITECTOS SINGULOS ET SCRIBAS ET LIBRARIOS, ACCENSOS PRAECONESQUE TOTIDEM HABERE, QUOT HABENT II, PER QUOS FRUMENTUM PLEBEI DATUR: CUM AUTEM IN URBE EIUSDEM REI CAUSA ALIQUID AGERENT, CETERIS ADPARITORIBUS IISDEM, PRAETERQUAM LICTORIBUS, UTI. UTIQUE, QUIBUS ADPARITORIBUS EX HOC S. C. CURATORIBUS AQUARUM UTI LICERET, EOS DIEBUS DECEM PROXIMIS, QUIBUS S. C. FACTUM ESSET, AD AERARIUM DEFERRENT; QUIQUE ITA DELATI ESSENT, IIS PRAETORES AERARII MERCEDEM CIBARIA, QUANTA PRAEFECTI FRUMENTO DANDO DARE DEFERREQUE SOLENT, ANNUA

DARENT ET ADTRIBUERENT; IISQUE EAS PECUNIAS SINE
FRAUDE SUA FACERE LICERET. UTIQUE TABULAS, CHAR-
TAS CETERAQUE, QUAE EIUS CURATIONIS CAUSA OPUS
ESSET IIS CURATORIBUS PRAEBERI, EA Q. AELIUS, PAU-
LUS FABIUS COSS., AMBO ALTERVE, SI IIS VIDEBITUR,
ADHIBITIS PRAETORIBUS QUI AERARIO PRAESINT, PRAE-
BENDA LOCENT.   (101.) ITEMQUE, CUM, VIARUM QUOQUE
CURATORES FRUMENTIQUE, PARTE QUARTA ANNI PUBLICO
FUNGANTUR MINISTERIO, UT CURATORES AQUARUM IU-
DICIIS VACENT PRIVATIS PUBLICISQUE. — Adparitores et
ministeria, quamvis perseveret adhuc aerarium in eos ero-
gare, tamen esse curatorum videntur desisse inertia ac segni-
tia non agentium officium. Egressis autem urbem dumtaxat
agendae rei causa senatus praesto esse lictores iusserat.
Nobis circumeuntibus rivos fides nostra et auctoritas a Principe data pro lictoribus erit.

102.   Cum perduxerimus rem ad initium curatorum, non
est alienum subiungere, qui post Messalam huic officio ad
nos usque praefuerint. Messalae successit, Planco et Silio
consulibus, Atteius Capito; Capitoni, C. Asinio Pollione
C. Antistio Vetere consulibus, Tarius Rufus; Tario, Servio
Cornelio Cethego L. Visellio Varrone consulibus, M. Cocceius
Nerva, Divi Nervae avus, scientia etiam iuris illustris; huic
successit, Fabio Persico L. Vitellio consulibus, C. Octavius
Laenas; Laenati, Aquilio Iuliano et Nonio Asprenate con-
sulibus, M. Porcius Cato; huic successit post annum, Sex.
Iunio Celere et Nonio Quintiliano consulibus, A. Didius Gal-
lus; Gallo, Q. Veranio et Pompeio Longo consulibus, Cn.
Domitius Afer; Afro, Nerone Claudio Caesare IV et Cosso
Cossi F. consulibus, L. Piso; Pisoni, Verginio Rufo et Mem-
mio Regulo consulibus, Petronius Turpilianus; Turpiliano,
Crasso Frugi et Lecanio Basso consulibus, P. Marius; Mario,
L. Telesino et Suetonio Paulino consulibus, Fonteius Agrippa;
Agrippae, Silio et Galerio Trachalo consulibus, Albius Cri-
spus; Crispo, Vespasiano III et Cocceio Nerva consulibus,
Pompeius Silvanus; Silvano, Valerio Messalino consule,
T. Ampius Flavianus; Flaviano, Vespasiano V Tito III
consulibus, Acilius Aviola; post quem, Imperatore Nerva

III et Verginio Rufo III consulibus, ad nos cura translata est.

103. Nunc quae observare curator aquarum debeat,
et leges senatusque consulta ad instruendum eum pertinentia
subiungam.   Circa ius ducendae aquae in privatis observanda
sunt, ne quis sine litteris Caesaris, id est ne quis aquam
publicam non impetratam, et, ne quis amplius quam impetravit ducat.   Ita enim efficiemus, ut modus, quem adquiri
diximus, possit ad novos salientes et ad nova Principis beneficia pertinere., In utroque autem magna cura multiplici
opponenda fraudi est.   Sollicite subinde ductus extra urbem
circumeundi ad recognoscenda beneficia: idem in castellis et
salientibus faciendum, ut sine intermissione diebus noctibusque aqua fluat; quod senatus quoque consulto curator facere
iubetur, cuius haec verba sunt:

104. QUOD Q. AELIUS TUBERO, PAULUS FABIUS
MAXIMUS COSS. V. F. DE NUMERO PUBLICORUM SALIEN
TIUM, QUI IN URBE ESSENT INTRAQUE AEDIFICIA URBI
CONIUNCTA, QUOS M. AGRIPPA FECISSET, Q. F. P. D. E. R. I. C.
NEQUE AUGERI PLACERE NEQUE MINUI NUMERUM PUBLI
CORUM SALIENTIUM, QUOS NUNC ESSE RETULERE II,
QUIBUS NEGOTIUM A SENATU EST IMPERATUM, UT IN
SPICERENT AQUAS PUBLICAS INIRENTQUE NUMERUM SA
LIENTIUM PUBLICORUM. ITEMQUE PLACERE, CURATORES
AQUARUM, QUOS CAESAR AUGUSTUS EX SENATUS AUCTO
RITATE NOMINAVIT, DARE OPERAM, UTI SALIENTES
PUBLICI QUAM ADSIDUISSIME INTERDIU ET NOCTU AQUAM
IN USUM POPULI FUNDERENT. — In hoc senatus consulto
crediderim adnotandum, quod senatus tam augeri quam minui
salientium publicorum numerum vetuerit.   Id factum existimo,
quia modus aquarum, quae his temporibus in urbem veniebant,
antequam Claudia et Anio Novus perducerentur, maiorem
erogationem capere non videbatur.

105. Qui aquam in usus privatos deducere volet, impetrare eam debebit et a Principe epistolam ad curatorem
adferre; curator deinde beneficio Caesaris praestare maturitatem et procuratorem eiusdem officii libertum Caesaris protinus scribere.   Procuratorem autem primus Ti. Claudius vi-

detur admovisse, postquam Anionem Novum et Claudiam
induxit.   Quid contineat epistola, vilicis fieri quoque notum
debet, ne quando neglegentiam aut fraudem suam ignoran-
tiae colore defendant.   Procurator calicem eius moduli, qui
fuerit impetratus, adhibitis libratoribus signari cogitet, diligenter intendat mensurarum, quas supra diximus, modum et
earum notitiam habeat: ne sit in arbitrio libratorum, interdum maioris luminis interdum minoris, pro gratia personarum,
calicem probare.   Sed nec statim ab hoc liberum subiciendi
qualemcumque plumbeam fistulam permittatur arbitrium, verum eiusdem luminis, quo calix signatus est, per pedes
quinquaginta, sicut senatus consulto, quod subiectum est,
cavetur.

106.   QUOD Q. AELIUS TUBERO, PAULUS FABIUS
MAXIMUS COSS. V. F., QUOSDAM PRIVATOS EX RIVIS
PUBLICIS AQUAM DUCERE, Q. D. E. R. F. P. D. E. R. I. C. NE
CUI PRIVATO AQUAM DUCERE EX RIVIS PUBLICIS LICERET:
UTIQUE OMNES II, QUIBUS AQUAE DUCENDAE IUS ESSET
DATUM, EX CASTELLIS DUCERENT, ANIMADVERTERENTQUE
CURATORES AQUARUM, QUIBUS LOCIS INTRA EXTRA URBEM
APTE CASTELLA PRIVATI FACERE POSSENT, EX QUIBUS
AQUAM DUCERENT, QUAM EX CASTELLO COMMUNEM
ACCEPISSENT A CURATORIBUS AQUARUM: NEU CUI EORUM,
QUIBUS AQUA DARETUR PUBLICA, IUS ESSET INTRA
QUINQUAGINTA PEDES EIUS CASTELLI, EX QUO AQUAM
DUCERENT, LAXIOREM FISTULAM SUBICERE, QUAM QUI-
NARIAM. — In hoc senatus consulto dignum adnotatione est,
quod aquam non nisi ex castello duci permittit, ne aut rivi
aut fistulae publicae frequenter lacerentur.

107.   Ius impetratae aquae neque heredem neque emptorem neque ullum novum dominum praediorum sequitur.
Balneis, quae publice lavarent, privilegium antiquitus con-
cedebatur, ut semel data aqua perpetuo maneret.   Sic ex
veteribus senatus consultis cognoscimus, ex quibus unum
subieci.   Nunc omnis aquae cum possessore instauratur beneficium.

108.   QUOD Q. AELIUS TUBERO, PAULUS FABIUS
MAXIMUS COSS. V. F., CONSTITUI OPORTERE, QUO IURE

EXTRA INTRAQUE URBEM DUCERENT AQUAS, QUIBUS
ADTRIBUTAE ESSENT, Q. D. E. R. F. P. D. E. R. I. C. UTI IIS
USQUE MANERET ADTRIBUTIO AQUARUM, EXCEPTIS QUAE
IN USUM BALNEARUM ESSENT DATAE AUT AUGUSTI NO-
MINE, QUOAD 'IIDEM DOMINI POSSIDERENT ID SOLUM,
IN QUO ACCEPISSENT AQUAM.

109. Cum vacare aliquae coeperunt aquae, adnuntiatur
et in commentarios redigitur, qui respiciuntur, ut petitoribus
ex vacuis dari possint. Has aquas statim intercidere sole-
bant, ut medio tempore venderent aut possessoribus praediorum aut aliis etiam. Humanius autem visum est Principi
nostro, ne praedia subito destituerentur, triginta dierum spatium indulgeri, intra quod ii, ad quos res pertineret, dis-
pertirent.

De aqua in praedia sociorum data nihil constitutum iu-
venio: perinde tamen observatur ac iure cautum, ut, dum
quis ex iis, qui communiter impetraverunt, superesset, totus
modus praediis adsignatus flueret, et tunc demum renovare-
tur beneficium, cum desisset quisque ex iis, quibus datum
erat, possidere.

Impetratam aquam alio, quam in ea praedia, in quae
data erat, aut ex alio castello, quam ex quo epistola Principis continebit, duci palam est non oportere, sed et mandatis prohibetur.

110. Impetrantur autem et eae aquae, quae caducae
vocantur, id est aut ex castellis aut ex manationibus fistularum. Quod beneficium a Principibus parcissime tribui solitum. Sed fraudibus aquariorum obnoxium est. Quibus
prohibendis quanta cura debeatur, ex capite mandatorum
manifestum erit, quod subieci.

111. CADUCAM NEMINEM VOLO DUCERE, NISI QUI
MEO BENEFICIO AUT PIORUM PRINCIPUM HABENT. —
Nam necesse est ex castellis aliquam partem aquae effluere:
cum hoc pertineat non solum ad urbis nostrae salubritatem,
sed etiam ad utilitatem cloacarum abluendarum.

112. Explicitis, quae ad ordinationem aquarum privati
usus pertinebant, non ab re est, quaedam ex iis, quibus circum-
ᴗerrimas constitutiones in ipso actu deprehendimus,

exempli causa attingere. Ampliores quosdam calices, quam impetrati erant, positos in plerisque castellis inveni, et ex iis aliquos ne signatos quidem. Quotiens autem signatus calix excedit legitimam mensuram, ambitio procuratoris, qui eum signavit, detegitur: cum vero ne signatus quidem est, manifesta culpa omnium, maxime accipientis, deprehenditur, deinde vilici. In quibusdam, cum calices legitimae mensurae signati essent, statim amplioris moduli fistulae subiectae fuerunt: unde acciderat, ut aqua, non per legitimum spatium coercita, sed per breves angustias expressa, facile laxiorem in proximo fistulam impleret. Ideoque illud adhuc, quotiens signatur calix, diligentiae adiciendum est, ut fistulae quoque proximae per spatium, quod senatus consulto comprehensum diximus, signentur. Ita demum enim vilicus, cum scierit, non aliter quam signatos conlocari debere, omni carebit excusatione.

113. Circa conlocandos quoque calices observari oportet, ut ad lineam ordinentur, nec alterius inferior calix, alterius superior ponatur. Inferior plus trahit; superior, quia cursus aquae ab inferiore rapitur, minus ducit. In quorundam fistulis ne calices quidem positi fuere. Hae fistulae solutae vocantur, et, ut aquario libuit, laxantur vel coartantur.

114. Adhuc illa aquariorum intolerabilis fraus est: translata in novum possessorem aqua, foramen novum castello imponunt; vetus relinquunt, quo venalem extrahunt aquam. In primis ergo hoc quoque emendandum curatori crediderim; non enim solum ad ipsarum aquarum custodiam, sed etiam ad castelli tutelam pertinet, quod, subinde et sine causa foratum, vitiatur.

115. Etiam ille aquariorum tollendus est reditus, quem vocant puncta. Longa ac diversa sunt spatia, per quae fistulae tota meant urbe, latentes sub silice. Has comperi per eum, qui adpellabatur a punctis, passim convulneratas omnibus in transitu negotiationibus praebuisse peculiaribus fistulis aquam: quo efficiebatur, ut exiguus modus ad usus publicos perveniret. Quantum ex hac emendatione aquae servatum sit, aestimo ex eo, quod aliquantum plumbi, sublatis eiusmodi ramis, redactum est.

116. Superest tutela ductuum; de qua priusquam dicere incipiam, pauca de familia, quae huius rei causa parata est, explicanda sunt. Familiae sunt duae, altera publica, altera Caesaris. Publica est antiquior; quam ab Agrippa relictam Augusto et ab eo publicatam diximus: habet homines circiter ducentos quadraginta. Caesaris familiae numerus est quadringentorum sexaginta; quam Claudius, cum aquas in urbem perduceret, constituit. (117.) Utraque autem familia in aliquot ministeriorum species diducitur, vilicos, castellarios, circitores, silicarios, tectores aliosque opifices. Ex his aliquos extra urbem esse oportet ad ea, quae non sunt magnae molitionis, maturum tamen auxilium videntur exigere. Omnes in urbe circa castellorum et munerum stationes opera quaeque urgebunt, in primis ad subitos casus, ut ex compluribus regionibus, in quam necessitas incubuerit, converti possit praesidium aquarum abundantius. Tam amplum numerum utriusque familiae, solitum ambitione aut neglegentia praepositorum in privata opera diduci, revocare ad aliquam disciplinam et publica ministeria ita instituimus, ut pridie, quid esset actura, dictaremus, et quid quoque die egisset, actis comprehenderetur.

118. Commoda publicae familiae ex aerario dantur: quod impendium exoneratur vectigalium reditu ad ius aquarum pertinentium. Ea constant ex hortis aedificiisve, quae sunt circa ductus aut castella aut munera aut lacus. Quem reditum prope sestertiorum ducentorum quinquaginta milium, alienatum ac vagum, proximis vero temporibus in Domitiani loculos conversum, iustitia Divi Nervae populo restituit, nostra sedulitas ad certam regulam redegit, ut constaret, quae essent ad hoc vectigal pertinentia loca. Caesaris familia ex fisco accipit commoda; unde et omne plumbum et omnes impensae ad ductus et castella et lacus pertinentes erogantur.

119. Quoniam quae videbantur ad familiam pertinere exposuimus, ad tutelam ductuum, sicut promiseramus, divertemus, rem enixiore cura dignam, cum magnitudinis Romani imperii id praecipuum sit indicium. Multa atque ampla opera subinde nascuntur, quibus ante succurri debet, quam

magno auxilio egere incipiant. Plerumque tamen prudenti
temperamento sustinenda; quia non semper opus aut facere
aut ampliare quaerentibus credendum est. Ideoque non solum scientia peritorum, sed et proprio usu curator instructus
esse debet, nec suae tantum stationis architectis uti, sed
plurium advocare non minus fidem, quam subtilitatem, ut
aestimet, quae repraesentanda, quae differenda sint, et rursus, quae per redemptores effici debeant, quae per dome-
sticos artifices. (120.) Nascuntur opera ex his causis:
aut quid vetustate corrumpitur, aut impotentia possessorum,
aut vi tempestatum, aut culpa male facti operis, quod saepius accidit in recentibus. (121.) Fere aut vetustate aut
vi tempestatum partes ductuum laborant, quae arcuationibus sustinentur aut montium lateribus adplicatae sunt, et ex
arcuationibus eae, quae per flumen traiciuntur. Ideoque
haec opera sollicita festinatione explicanda sunt. Minus iniuriae subiacent subterranea, nec gelicidiis nec caloribus exposita. Vitia autem eiusmodi sunt, ut aut non interpellato
aquae cursu subveniatur eis, aut emendari nisi averso non possint, sicut ea, quae in ipso alveo fieri necesse est. (122.) Haec
duplici ex causa nascuntur: aut enim limo concrescente, qui
interdum in crustam indurescit, iter aquae coartatur; aut
tectoria corrumpuntur, unde fluunt manationes, quibus necesse
est latera rivorum et substructiones vitiari. Pilae quoque
ipsae tofo exstructae sub tam magno onere labuntur. Refici,
quae circa alveos sunt rivorum, aestate non debent, ne in-
termittatur usus tempore, quo praecipue desideratur; sed vere
vel autumno, et maxima cum festinatione, ut, scilicet ante
praeparatis omnibus, quam paucissimis diebus rivi cessent.
Neminem fugit, per singulos ductus hoc esse faciendum, ne,
si plures pariter avertantur, desit aqua civitati. (123.) Ea,
quae non interpellato aquae cursu effici debent, maxime
structura constant, quam et suis temporibus et fidelem fieri
oportet. Idoneum structurae tempus est a Kalendis Aprilibus
in Kalendas Novembres: ita ut optimum sit intermittere eam
partem aestatis, quae nimiis caloribus incandescit; quia temperamento coeli opus est, ut ex humore commode structura
combibat et in unitate corroboretur. Non minus autem, quam

9 *

sol, acrior gelatio praecipit materiam: nec ullum opus di-
ligentiorem poscit curam, quam quod aquae obstaturum est.
Fides itaque eius per singula secundum legem, notam omnibus sed a paucis observatam, exigenda est. (124.) Illud
nulli dubium esse crediderim, proximos ductus, id est qui
a VII miliario lapide quadrato consistunt, maxime custodiendos, quoniam et amplissimi operis sunt et plures aquas singuli sustinent: quos si necesse fuerit interrumpere, maiorem
partem aquarum urbis destituent. Remedia tamen sunt et his
difficultatibus: inchoatum excitatur ad libram deficientis alvei;
is vero plumbatis canalibus per spatium interrupti ductus rursus continuatur. Porro quoniam fere omnes specus per privatorum agros directi erant, et difficilis videbatur futurae
impensae praeparatio, nisi et aliqua iuris constitutione suc-
curreretur, simul ne accessu ad reficiendos rivos redemptores
a possessoribus prohiberentur, senatus consultum factum est,
quod subieci.

125. QUOD Q. AELIUS TUBERO, PAULUS FABIUS
MAXIMUS COSS. V. F. DE RIVIS, SPECIBUS FORNICIBUSQUE
IULIAE, MARCIAE, APPIAE, TEPULAE, ANIONIS REFICIEN-
DIS, Q. D. E. R. F. P. D. E. R. I. C. UTI, CUM II RIVI, SPECUS,
FORNICES, QUOS AUGUSTUS CAESAR SE REFECTURUM
IMPENSA SUA POLLICITUS SENATUI EST, REFICERENTUR,
EX AGRIS PRIVATORUM TERRA, LIMUS, LAPIS, TESTA,
ARENA, LIGNA CETERAQUE, QUIBUS AD EAM REM OPUS
ESSET, UNDE QUAEQUE EORUM PROXIME SINE INIURIA
PRIVATORUM TOLLI, SUMI, PORTARI POSSINT, VIRI BONI
ARBITRATU AESTIMATA, DARENTUR, TOLLERENTUR, SU-
MERENTUR, EXPORTARENTUR; ET AD EAS RES OMNES
EXPORTANDAS EARUMQUE RERUM REFICIENDARUM CAUSA,
QUOTIENS OPUS ESSET, PER AGROS PRIVATORUM SINE
INIURIA EORUM ITINERA, ACTUS PATERENT, DARENTUR.

126. Plerumque autem vitia oriuntur ex impotentia
possessorum, qui plurimis modis rivos violant. Primum enim
spatia, quae circa ductus aquarum ex senatus consulto vacare debent, aut aedificiis aut arboribus occupant. Arbores
magis nocent, quarum radicibus et concamerationes et latera
solvuntur. Deinde vicinales vias agrestesque per ipsas formas

dirigunt. Novissime aditus ad tutelam praecludunt. Quae omnia senatus consulto, quod subieci, provisa sunt.

127. QUOD Q. AELIUS TUBERO, PAULUS FABIUS MAXIMUS COSS. V. F., AQUARUM, QUAE IN URBEM VENIRENT, ITINERA OCCUPARI MONUMENTIS ET AEDIFICIIS ET ARBORIBUS CONSERI, Q.F.P.D.E.R.I.C. AD REFICIENDOS RIVOS SPECUSQUE ET QUAE PER EA OPERA REI PUBLICAE CORRUMPANTUR, PLACERE: CIRCA FONTES ET FORNICES ET MUROS UTRAQUE EX PARTE VACUOS QUINOS DENOS PEDES PATERE; ET CIRCA RIVOS, QUI SUB TERRA ESSENT, ET SPECUS INTRA URBEM ET EXTRA URBEM, INTRA CONTINENTIA AEDIFICIA, UTRAQUE EX PARTE QUINOS PEDES VACUOS RELINQUI: ITA UT NEQUE MONUMENTUM IN HIS LOCIS NEQUE AEDIFICIUM POST HOC TEMPUS PONERE, NEQUE CONSERERE ARBORES LICERET. SI QUAE NUNC ESSENT ARBORES INTRA ID SPATIUM, EXCIDERENTUR, PRAETERQUAM SI QUAE VILLAE CONTINENTES ET INCLUSAE AEDIFICIIS ESSENT. SI QUIS ADVERSUS EA COMMISERIT, IN SINGULAS RES POENA HS DENA MILIA ESSENT, EX QUIBUS PARS DIMIDIA PRAEMIUM ACCUSATORI DARETUR, CUIUS OPERA MAXIME CONVICTUS ESSET, QUI ADVERSUS HOC S. C. COMMISISSET, PARS AUTEM DIMIDIA IN AERARIUM REDIGERETUR. DEQUE EA RE IUDICARENT COGNOSCERENTQUE CURATORES AQUARUM.

128. Posset hoc senatus consultum aequissimum videri, etiam ex rei tantum publicae utilitate si ea spatia vindicarentur; multo magis, cum maiores nostri admirabili aequitate ne ea quidem eripuerint privatis, quae ad modum publicum pertinebant, sed, cum aquas perducerent, si difficilior possessor in parte vendenda fuerat, pro toto agro pecuniam intulerint et post determinata necessaria loca rursus eum agrum vendiderint, ut in suis finibus proprium ius res publica quam privata haberent. Plerique tamen, non contenti occupasse fines, ipsis ductibus manus adtulerunt, per fistularum vulneratarum latera passim cursus aquarum in usum suum avertentes, tam ii, qui ius aquarum impetratum habent, quam ii, qui quantulacunque beneficii occasione ad expugnandos eos nunc abutuntur. Quid porro fieret, si non universa ista

diligentissima lege prohiberentur poenaque non mediocris contumacibus intentaretur? Quae subscripsi, sunt verba legis.

129. T. QUINTIUS CRISPINUS COS. POPULUM IURE ROGAVIT POPULUSQUE IURE SCIVIT, IN FORO PRO ROSTRIS AEDIS DIVI IULII, P. K. IULIAS. TRIBUS SERGIA PRINCIPIUM FUIT. PRO TRIBU SEX. L. F. VARRO. QUICUNQUE POST HANC LEGEM ROGATAM RIVOS, SPECUS, FORNICES, FISTULAS, TUBULOS, CASTELLA, LACUS AQUARUM PUBLICARUM, QUAE AD URBEM DUCUNTUR, SCIENS DOLO MALO FORAVERIT, RUPERIT, FORANDA RUMPENDAVE CURAVERIT, PEIORAVE FECERIT, QUO MINUS EAE AQUAE EARUMVE QUAEQUE IN URBEM ROMAM IRE, CADERE, FLUERE, PERVENIRE, DUCI POSSINT, QUOVE MINUS IN URBE ROMA ET IN IIS AEDIFICIIS, QUAE URBI CONTINENTIA SUNT, ERUNT, IN HIS HORTIS, PRAEDIIS, LOCIS, QUORUM HORTORUM, PRAEDIORUM, LOCORUM DOMINIS POSSESSORIBUSVE AQUA DATA VEL ADTRIBUTA EST VEL ERIT, SALIAT, DISTRIBUATUR, DIVIDATUR, IN CASTELLA, LACUS IMMITTATUR: IS POPULO ROMANO CENTUM MILIA DARE DAMNAS ESTO. ET QUI CLAM QUID EORUM ITA FECERIT, ID OMNE SARCIRE, REFICERE, RESTITUERE, AEDIFICARE, PONERE ET CELERE DEMOLIRE DAMNAS ESTO, SINE DOLO MALO ATQUE OMNIA ITA, UT, QUICUMQUE CURATOR AQUARUM EST, ERIT, AUT SI CURATOR AQUARUM NEMO ERIT, TUM IS PRAETOR, QUI INTER CIVES ET PEREGRINOS IUS DICIT, MULTA, PIGNORIBUS COGITO, COERCETO, EIQUE CURATORI, AUT SI CURATOR NON ERIT, TUM EI PRAETORI EO NOMINE COGENDI, COERCENDI, MULTAE DICENDAE SIVE PIGNORIS CAPIENDI IUS POTESTASQUE ESTO. SI QUID EORUM SERVUS FECERIT, DOMINUS EIUS HS CENTUM MILIA POPULO DET. SI QUIS CIRCA RIVOS, SPECUS, FORNICES, FISTULAS, TUBULOS, CASTELLA, LACUS AQUARUM PUBLICARUM, QUAE AD URBEM ROMAM DUCUNTUR ET DUCENTUR, TERMINATUS STETERIT, NE QUIS IN EO LOCO POST HANC LEGEM ROGATAM QUID OBPONITO, MOLITO, OBSEPITO, FIGITO, STATUITO, PONITO, CONLOCATO, ARATO, SERITO, NEVE IN EUM QUID IMMITTITO, PRAETERQUAM

EORUM FACIENDORUM, REPONENDORUM CAUSA, QUAE
HAC LEGE LICEBIT, OPORTEBIT. QUI ADVERSUS EA
QUID FECERIT, ADVERSUS EUM SIREMPS LEX, IUS CAU-
SAQUE OMNIUM RERUM OMNIBUSQUE ESTO, ATQUE, UTI
ESSET ESSEQUE OPORTERET, SI IS ADVERSUS HANC LE-
GEM RIVUM, SPECUM RUPISSET FORASSETVE. QUO MINUS
IN EO LOCO PASCERE HERBAM, FENUM SECARE SENTES
PROHIBEANT, PER CURATORES AQUARUM, QUI NUNC SUNT
QUIQUE ERUNT, CIRCA FONTES ET FORNICES ET MUROS
ET RIVOS ET SPECUS TERMINATUS ARBORES, VITES,
VEPRES, SENTES, RIPAE, MACERIA, SALICTA, ARUNDI-
NETA TOLLANTUR, EXCIDANTUR, EFFODIANTUR, EXCO-
DICENTUR, UTIQUE RECTE FACTUM ESSE VOLENT: EOQUE
NOMINE IIS PIGNORIS CAPIO, MULTAE DICTIO COERCI-
TIOQUE ESTO; IDQUE IIS SINE FRAUDE SUA FACERE LI-
CEAT IUS POTESTASQUE ESTO. QUO MINUS VITES, AR-
BORES, QUAE VILLIS, AEDIFICIIS MACERIISVE INCLUSAE
SUNT, MACERIAE, QUAS CURATORES AQUARUM CAUSA
COGNITA NE DEMOLIRENTUR DOMINIS PERMISERUNT,
QUIBUS INSCRIPTA INSCULPTAQUE ESSENT IPSORUM QUI
PERMISISSENT CURATORUM NOMINA, MANEANT, HAC
LEGE NIHILUM ROGATIO. QUO MINUS EX IIS FONTIBUS,
RIVIS, SPECIBUS, FORNICIBUS AQUAM SUMERE, HAURIRE
IIS, QUIBUSCUMQUE CURATORES AQUARUM PERMISERINT,
PRAETERQUAM ROTA, CALICE, MACHINA LICEAT, DUM
NEQUE PUTEUS NEQUE FORAMEN NOVUM FIAT, EIUS
HAC LEGE NIHILUM ROGATIO.

130. Utilissimae legis contemptores non negaverim dignos poena, quae intenditur: sed neglegentia longi temporis deceptos leniter revocari oportuit. Itaque sedulo laboravimus, ut, quantum in nobis fuit, etiam ignorarentur, qui erraverant. Iis vero, qui admoniti ad indulgentiam Imperatoris decucurrerunt, possumus videri causa impetrati beneficii fuisse. In reliquum vero opto, ne exsecutio legis necessaria sit, cum officii fidem etiam per offensas tueri praestiterit.

INDEX HISTORICUS

AD

FRONTINI STRATEGEMATICON LIBROS.

Cassiani IV. 2, 1.

C. Cassius IV. 2, 1. IV. 7, 14. adversus Parthos II. 5, 35.

Castor et Pollux I. 11, 8 et 9.

Castrorum Rom. ratio IV. 1, 14..

Castus (dux Spartaci) II. 4, 7. II. 5, 34.

Catina III. 6, 6.

Catinienses III. 6, 6.

M. Cato IV. 1, 16 et 33. IV. 7, 35. M. Porcius Cato in Hispania I. 1, 1. I. 2, 5. III. 1, 2. III. 10, 1. IV. 3, 1. IV. 7, 31. adversus Aetolos II. 4, 4. ad Ambraciam II. 7, 14. M. Cato Censorii filius IV. 5, 17.

Catti II. 3, 23. II. 11, 7.

Q. Catulus (Lutatius) adversus Cimbros I. 5, 3..

Caucenses II. 11, 2.

Caudina clades I. 5, 16.

Celtiberi II. 5, 3 et 7.

Celtibericum bellum II. 5, 8.

Cereris sacrum IV. 7, 44.

Chabrias Atheniensis I. 4, 14. I. 12, 12.

Chaeronia II. 1, 9.

Chalcidensium agros depopulatur Phormion III. 11, 1.

Channaeus Cyrrestes I. 1, 6.

Chares dux Atheniensium II. 12, 3. III. 10, 8.

Charmades praefectus Ptolemaei regis III. 2, 11.

Cherronesus I. 4, 13. iuris Atheniensium II. 5, 42.

Chii I. 4, 13. II. 5, 15.

Q. Cicero III. 17, 6.

Cimbri I. 5, 3. II. 2, 8. II. 7, 12.

Cimbricum bellum I. 2, 6.

Ciminia silva I. 2, 2.

Cimon dux Atheniensium III. 2, 5. IV. 7, 45.

Cincius classis Rom. praefectus IV. 7, 26.

Cineas legatus Epirotarum IV. 3, 2.

Civilis (Iulius) IV. 3, 14.

Claudius, v. Marcellus, Nero.

P. Claudius II. 13, 9.

Cleandridas Lacedaemonius II. 3, 12.

Clearchus Lacedaemonius II. 5, 1. IV. 1, 17.

Cleomenes Lacedaemonius II. 2, 9.

Cleonymus Lacedaemonius III. 6, 7.

Clisthenes Sicyonius III. 7, 6.

Clodius (adversus Spartacum) I. 5, 21.

Cocles (Horatius) II. 13, 5.

Columbae epistolas portant III. 13, 8.

Commius Atrebas II. 13, 11.

Cononeus Tarentinus III. 3, 6.

Consaburenses Hispani IV. 5, 19.

Corbulo, v. Domitius.

Corcyraei I. 12, 14.

Corinthus capta a Mummio IV. 3, 5. praesidio tenetur ab Iphicrate III. 12, 2.

Coriolanus I. 8, 1.

Cornelius Rufinus Cos. III. 6, 4. Cossus Cos. I. 5, 14. IV. 5, 9. magister equitum II. 8, 10.

Cossus, v. Cornelius.

Cotta legatus III. 17, 6. Cf. Aurelius.

M. Crassus (Licinius) I. 1, 13. bello fugitivorum adversus Spartacum I. 5, 20. II. 4, 7. II. 5, 34.

P. Crassus bello socii II. 4, 16. IV. 7, 41. adversus Aristonicum IV. 5, 16.

Crassus, v. Otacilius.

Craterus III. 6, 7.

Crisaeorum oppidum III. 7, 6.

Crispinus, v. Quinctius.

Croesus I. 5, 4. II. 4, 12. III. 8, 3.

Croton obsidetur a Romanis III. 6, 4.

Curio adversus Iubam II. 5, 40.

C. Curio Cos. bello Dardanico IV. 1, 43.

M'. Curius (Dentatus) I. 8, 4. II. 2, 1. IV. 3, 12.

Cursor (Papirius) III. 3, 1.

Cyaneae angustiae I. 4, 13.
Cypros IV. 7, 45.
Cyrrestes I. 1, 6.
Cyrus rex Persarum I. 11, 19. II.
4, 12. II. 5, 5. III. 7, 4. III.
8, 3.
Cyrus adversus Artaxerxem fratrem
IV. 2, 7. Cf. IV. 2, 5.
Cyzicus obsidetur ab Alcibiade III.
9, 6. a Mithridate III. 13, 6.
IV. 5, 21.

D.

Daci I. 10, 4. II. 4, 3.
Dardanicum bellum IV. 1, 43.
Dareus I. 5, 25. III. 3, 4.
Datames II. 7, 9.
Decelia I. 3, 9.
P. Decius tribunus bello Samnitico
I. 5, 14 et 15. IV. 5, 9. Cos.
collega Fabii bello Samnitico I.
8, 3. P. Decii, pater et filius
IV. 5, 15.
Decimus, v. Brutus.
Delminium urbs III. 6, 2.
Delphi I. 11, 11.
Deus spondet victoriam I. 11, 14.
sequitur dux III. 9, 1. responso
pugnare I. 10, 3. maximus Iu-
piter I. 12, 12. Dii adsunt Athe-
niensibus I. 11, 10.
Dianae templum lucusque in Caria
III. 2, 5.
T. Didius I. 8, 5. II. 10, 1.
Diodorus (Amphipolitanus) III.
16, 5.
Dionysius Syracusanus I. 8, 11.
III. 4, 3 et 4.
Dis pater I. 11, 10.
Domitianus (Imperator Caesar Au-
gustus Germanicus) adversus Ger-
manos I. 1, 8. I. 3, 10. II. 3,
23. II. 11, 7. IV. 3, 14.
Dyrrhachium II. 7, 13. III. 17,
4. IV. 1, 43.

E.

Elaea urbs IV. 5, 16.
Eleusis IV. 7, 44.
Elleboro aqua corrumpitur III. 7, 6.
Enipeus flumen II. 3, 22.
Enna IV. 7, 22.
Ennenses IV. 7, 22.
Epaminondas Thebanus adversus
Lacedaemonios I. 11, 6 et 16.
I. 12, 5. II. 2, 12. IV. 2, 6.
apud Isthmon II. 5, 26. in Ar-
cadia III. 2, 7. ad Mantiniam
III. 11, 5. vigilem transfigit III.
12, 13. in supellectili invenie-
bantur storea et aeneum veru IV.
3, 6.
Ephesii III. 9, 10.
Ephesus III. 3, 7.
Ephialtes Trachinius I. 2, 13.
Epicydes Syracusanus III. 3, 2.
Epidaurus II. 11, 1.
Epidaurii II. 11, 1.
Epirotae I. 4, 4. II. 3, 21.
Epirotica regio II. 5, 10.
Epirus II. 13, 8.
Epistolae quomodo allatae sint III.
13, 2—8.
Erythraei II. 5, 15.
Etrusci I. 8, 3. II. 5, 2. II. 6,
7. II. 7, 11.
Etruscum bellum I. 2, 7.
Eumenes Cardianus ex successori-
bus Alexandri adversus Gallos
I. 11, 15. in castello clausus
IV. 7, 34.
Euphrates I. 1, 6. aversus III. 7,
4 et 5.
Eurymedon flumen IV. 7, 45.

F.

Fabius Kaeso I. 2, 2.
Fabius Maximus I. 11, 21.
Fabius Maximus Cunctatoris filius
III. 9, 2.
M. Fabius Cos. adversus Etruscos
I. 11, 1. II. 7, 11.

Iulianus exercitus II. 3, 22.
Iulius Civilis IV. 3, 14.

K.

Kaeso (Fabius) I. 2, 2.

L.

Laberius I. 5, 15. IV. 5, 10.
T. Labienus legatus Caesaris II. 5, 20 et 36. II. 7, 13. .
Lacedaemonii I. 4, 12. I. 11, 6 et 16. I. 12, 7. II. 1, 10. II. 2, 12 et 13. II. 5, 26 et 47. III. 11, 5. trecenti ad Thermopylas IV. 2, 9.
Lacetani III. 10, 1.
Laelii IV. 5, 14.
Laelius II. 3, 16.
C. Laelius I. 1, 3. I. 2, 1.
D. Laelius II. 5, 31.
Laevinus (Valerius) I. 4, 9. Cos. IV. 7, 7.
Latini I. 11, 8. II. 8, 5.
Lauron oppidum II. 5, 31.
Legiones Romanae in Siciliam relegatae IV. 1, 25 et 44.
Lentulus IV. 5, 5.
Leonidas Lacedaemonius IV. 5, 13.
Leptines Syracusanus II. 5, 11.
Leucadia commeatibus abundans III. 4, 5.
Leutychides Lacedaemonius I. 11, 7.
Liburni II. 5, 43.
M. Licinius Crassus I. 1, 13. II. 4, 7.
P. Licinius procos. II. 5, 28.
Ligur quidam III. 9, 3.
Ligures I. 2, 6. III. 2, 1. III. 17, 2. IV. 1, 46.
Liguria I. 5, 16.
Lilybaeum III. 10, 9.
Lingonum civitas opulentissima IV. 3, 14.
Lipararum obsidio IV. 1, 31.
Litana silva I. 6, 4.
Livius auctor II. 5, 31 et 34.

Livius praefectus Romanorum ad Tarentum III. 3, 6. III. 17, 3.
M. Livius Salinator adversus Hasdrubalem I. 1, 9. I. 2, 9. II. 3, 8. IV. 7, 15. consularis damnatur a populo IV. 1, 45.
Locri a Crispino obsidentur III. 7, 26.
Longus, v. Sempronius.
Lucani I. 4, 1. I. 6, 1. II. 3, 12 et 21.
Luceria IV. 1, 29.
Lucullus adversus Scordiscos III. 10, 7.
L. Lucullus adversus Macedonas II. 7, 8.
L. Lucullus adversus Mithridatem II. 1, 14. II. 2, 4. II. 5, 30. III. 13, 6.
Luna, Ligurum oppidum III. 2, 1.
Lusitani II. 5, 7. II. 13, 4. III. 5, 2.
Q. Lutatius Catulus I. 5, 3.
Lydia I. 8, 12. IV. 7, 30.
Lysander Lacedaemonius in portu Atheniensium I. 5, 7. ad Aegospotamon II. 1, 18. vetat rapinas IV. 1, 9.
Lysimachus rex Macedonum III. 3, 7. unus ex successoribus Alexandri I. 5, 11.

M.

Macedones equites adversus Lucullum II. 7, 8. in Hannibalis exercitu ad Zamam II. 3, 16.
Macedonicus habitus III. 2, 11.
Magnetum duo oppida III. 8, 2.
Mago Carthaginiensis ad Trebiam II. 5, 23. Cn. Pisonem vincit III. 6, 5. ad Locros IV. 7, 26.
Maharbal II. 5, 12.
Maleventum IV. 1, 14.
Mandro archipirata III. 3, 7.
A. Manlius Cos. in Campania I. 9, 1.

Cn. Manlius Cos. adversus Etruscos
I. 11, 1. II. 6, 7. II. 7, 11.

Manlius Imperiosus IV. 1, 40. eius
filius IV. 1, 41.

Mantinia III. 11, 5.

Mantinienses III. 11, 5.

Marcellus sub Mario II. 4, 6.

M. Marcellus in Gallorum manus
incidit IV. 5, 4.

M. Marcellus (Claudius) II. 4, 8.
Cos. IV. 1, 44. adversus Hannibalem apud Numistronem II.
2, 6. vincit Hannibalem II. 3, 9.
Bantium Nolanum reconciliat III.
16, 1. ad Syracusas III. 3, 2.
caesus IV. 7, 26 et 28.

C. Marcius Rutilus I. 9, 1.

C. Marcius eques Romanus II. 6,
2. II. 10, 2.

Q. Marcius Rufus legatus IV. 4, 7.

Mariani muli IV. 1, 7.

C. Marius sagam secum habet ex
Syria I. 11, 2. ab eo dicti muli
Mariani IV. 1, 7. adversus Iugurtham II. 4, 10. III. 9, 3.
eligit exercitum IV. 2, 2. adversus Cimbros et Teutonos I. 2,
6. II. 2, 8. II. 4, 6. II. 7, 12.
II. 9, 1. IV. 7, 5.

Masinissa II. 3, 16. III. 6, 1. IV.
3, 11.

Massilienses I. 7, 4.

Mauri II. 3, 16.

Medi I. 11, 19.

Medicus Pyrrhi IV. 4, 2.

Mediolanum I. 9, 3.

Megara IV. 1, 8.

Megarenses IV. 7, 44.

Megisthanes II. 9, 5.

Melanthus dux Atheniensium II.
5, 41.

C. Memmius tribunus IV. 1, 1.

Memnon Rhodius II. 5, 18 et 46.

Messana I. 4, 11. IV. 1, 31.

Messenii II. 1, 10. castellum III. 2, 4.

Metellus (Numidicus) I. 8, 8. IV.
2, 2.

L. Metellus, v. Caecilius.

Q. Metellus Cos. IV. 1, 11. Q.
Metellus (Pius) Macedonicus in
Hispania I. 1, 12. III. 7, 3. IV.
1, 23. IV. 7, 42. adversus Hir-
tuleium I. 1, 2. II. 3, 5. vincit
Sertorium II. 13, 3.

Milo (Epirota) III. 3, 1.

Miltiades IV. 7, 43.

Mindarus Lacedaemonius II. 5, 46.

Minervae sacrum Tegeae III. 2, 8.
sacri dies Athenis IV. 7, 13.

Minucius magister equitum II. 5, 22.

Minucius Rufus adversus Scordiscos et Dacos II. 4, 3.

Q. Minucius Cos. in Liguria I. 5,
16.

Mithridates Cyzicum obsidet III. 13,
6. IV. 5, 21. vincitur a Lucullo
II. 1, 14. II. 2, 4. Lucullum
insidiis adpetit II. 5, 30. fugit
Pompeium I. 1, 7. II. 1, 12.
vincitur a Pompeio II. 2, 2. II.
5, 33.

Molossi II. 5, 19.

Mulucha flumen III. 9, 3.

L. Mummius IV. 3, 15.

Munatius III. 14, 1.

Munda II. 8, 13.

Munyebia I. 5, 7.

Mutilus adversus Sullam I. 5, 17.

Mutina obsidetur ab Antonio I. 7, 5.
III. 13, 7. III. 14, 3 et 4.

Myrina IV. 5, 16.

Myronides Atheniensis adversus
Thebanos IV. 7, 21.

N.

Q. Naevius centurio IV. 7, 29.

P. Nasica IV. 1, 15. Cornelius Cos.
Delminium capit III. 6, 2.

Sp. Nautius II. 4, 1.

Ti. Nero (Claudius) adversus Hasdrubalem I. 1 9, 1. 2, 9. I. 5,
19. II. 3, 8. II. 9, 2. adversus
Pannonios II. 1, 15.

Nicostratus Aetolorum dux I. 4, 4.
Nobilior, v. Fulvius.
Nolani III. 16, 1.
Numantia obsidetur II. 8, 7. III.
17, 9. IV. 1, 1. IV. 7, 27.
Numantini obsessi III. 17, 9. IV.
5, 23.
Numidae IV. 7, 18. auxiliares I.
5, 16. equites II. 2, 11. II.
5, 23 et 27.
Numistro flumen II. 2, 6.

O.

Octavius Graecinus II. 5, 31.
Cn. Octavius tribunus militum IV.
5, 7.
Olcabas II. 5, 30.
Orchomenos I. 11, 5.
Otacilius Crassus IV. 1, 19. Cos.
III. 16, 3.

P.

Paccius IV. 1, 21.
Paches Atheniensis IV. 7, 17.
Pacorus rex I. 1, 6.
Palaepharsalus II. 3, 22.
Pammenes Thebanus II. 3, 3.
Pamphylia IV. 7, 45.
Pannonii II. 1, 15.
Panormitani III. 17, 1.
Panormus II. 5, 4.
Pansa Cos. II. 5, 39.
Papirius Cursor ad Tarentum III.
3. 1. dictator adversus Samnites
IV. 1, 39. filius Cos. adversus
Samnites II. 4, 1.
Papus, v. Aemilius.
Parthi I. 1, 6. II. 2, 5. II. 3, 15.
II. 5, 35 et 36 et 37. II. 13, 7.
IV. 2, 3.
Parthicum bellum I. 1, 6.
Paullus, v. Aemilius.
Pelopidas Thebanus bello Thessa-
lico I. 5, 2. IV. 7, 28. Magne-
tum duo oppida capit III. 8, 2.

Peloponnesii I. 5, 10. castellum
III. 9, 9.
Peloponnesus I. 3, 9. II. 5, 26.
Perdiccas adversus Ptolemaeum IV.
7, 20.
Pericles Atheniensibus auctor est,
ut liberos et coniuges Troezena
et in alias urbes emittant I. 3,
7. a Peloponnesiis inclusus I.
5, 10. arte persuadet hostibus,
Deos Atheniensibus adesse I. 11,
10. liberat milites superstitione
I. 12, 10. civitatem quandam
arte capit III. 9, 5. item castel-
lum Peloponnesiorum III. 9, 9.
Perperna capitur a Pompeio II.
5, 32.
Persae II. 3, 3 et 13.
Perses Macedonum rex II. 3, 20.
Persicum bellum II. 8, 4. habitus
III. 8, 3.
Persis II. 3, 6.
Petelini a Poenis obsessi IV. 5, 18.
Peticus (Sulpicius) II. 4, 5.
Q. Petilius Cos. IV. 1, 46.
Petreius et Afranius in Hispania
adversus Caesarem I. 8, 9. II.
1, 11.
Phalanx Macedonica II. 3, 17 et
20. Pyrrhi II. 2, 1.
Phalaris Agrigentinus III. 4, 6.
Pharnabazus adversus Alcibiadem
II. 7, 6.
Pharnaces Mithridatis filius II. 2,
3. III. 17, 5.
Pharnapates II. 5, 37.
Pharsalica pugna II. 7, 13.
Philippus in Epiro victus II. 13, 8.
Philippus (Alexandri pater) adver-
sus Byzantium I. 3, 4. petens
Thermopylas I. 4, 6. ad Cya-
neas angustias I. 4, 13. Cher-
ronesum occupare prohibetur I.
4, 14. ad Chaeroniam II. 1, 9.
adversus Illyrios II. 3, 8. adversus Scythas II. 8, 14. ad Saniorum oppidum III. 3, 5. ad

Rhyndacus III. 17, 5.
Romani obsessi ab Hannibale III. 18, 1—3.
Romulus II. 5, 1.
Rufinus, v. Cornelius.
Rufus, v. Aemilius, Marcius, Minucius.
Rullus, v. Fabius.
Rutilus (C. Marcius) I. 9, 1.
P. Rutilus Cos. filium punit IV. 1, 12. Cf. IV. 2, 2.

S.

Sabini I. 8, 4. II. 8, 1 et 9.
Subura Iubae praefectus II. 5, 40.
Saga Marii ex Syria I. 11, 12.
Saguntini III. 10, 4.
Salaminiae angustiae II. 2, 14.
Salapia IV. 7, 38.
Salinator, v. Livius.
Sallentini II. 3, 21.
Salvius Pelignus II. 8, 4.
Samii I. 4, 14.
Samnites I. 8, 3. I. 11, 2. II. 1, 7. II. 3, 21. II. 4, 1.
Samniticum bellum I. 5, 14. II. 8, 11. IV. 5, 9.
Saniorum portus III. 2, 11. oppidum III. 3, 5.
Sardes III. 8, 3.
Sardinia III. 10, 2. oppida III. 9, 4.
Saturni dies II. 1, 17.
Scipio, P. Cornelius Africanus (maior): adolescens IV. 7, 39. in Hispania contra Hasdrubalem I. 3, 5. II. 1, 1. II. 3, 4. Carthaginem (novam) irrumpit III. 9, 1. sponsam Allucio reddit II. 11, 5. in Africam transportat exercitum I. 3, 8. I. 12, 1. adversus Hannibalem I. 8, 10. III. 6, 1. ad Zamam II. 3, 16. adversus Syphacem I. 2, 1. II. 5. 9. II. 7, 4. in Lydia IV. 7, 30.
Scipio, P. Cornelius Aemilianus Africanus: ad Numantiam II. 8, 7. IV. 1, 1. IV. 7, 27.

Scipionis Africani dictum IV. 1, 5. IV. 7, 4 et 16.
Scipio, P. Cornelius, v. Nasica.
Scipio, L. Cornelius, Cos. in Sardinia III. 10, 2. III. 9, 4.
Cn. Scipio in Hispania IV. 3, 4. adversus Hannonem II. 3, 1. bello navali IV. 7, 9. in summa paupertate decessit IV. 3, 4.
Scipiones duo occisi II. 6, 2. II. 10, 2.
Scipio legatus (sub Q. Fabio Maximo Cos. IV.) II. 4, 1.
Scordisci II. 4, 3. III. 10, 7.
Scorylo, Dacorum dux I. 10, 4.
Scultenna amnis III. 4, 3. III. 13, 7.
Scythae I. 5, 25. II. 4, 20. II. 5, 5. II. 8, 14.
Segestani III. 10, 4.
Segestanus portus I. 5, 6.
Segobrigenses III. 10, 6. III. 11, 4.
Segovienses IV. 5, 22.
Sempronius Tuditanus tribunus militum IV. 5, 7.
P. Sempronius Sophus I. 12, 3.
Ti. Sempronius, v. Gracchus.
Sempronius Longus Cos. ad Trebiam II. 5, 23.
Sentinas ager I. 8, 3.
Sertoriani milites II. 1, 3.
Sertorius I. 10, 1 et 2. I. 12, 4. II. 7, 5. II. 12, 2. II. 13, 4. IV. 7, 6. flumen arte transit I. 5, 1. eius cerva candida I. 11, 13. adversus Pompeium II. 1, 3. II. 3, 11. ad Lauronem oppidum II. 5, 31. a Metello victus II. 13, 3. eius legatus Hirtuleius, v. Hirt.
Servilius Priscus dictator II. 8, 8.
P. Servilius (Isauricus) III. 7, 1. IV. 5, 1.
Servius Tullius adolescens II. 8, 1.
Sextiae (aquae) II. 4, 6.
Sextus Tarquinius III. 3, 3.
Siculum fretum I. 7, 1.

Sicyoniorum portus III. 2, 10. III.
9, 7.
Silures I. 5, 26.
Siris IV. 1, 24.
Soanda urbs III. 2, 9.
Sociale bellum I. 5, 17. II. 4, 16.
IV. 7, 41.
Sophus; v. Sempronius.
Sosistratus Syracusanus III. 3, 2.
Sparta III. 11, 5.
Spartacus I. 5, 20—22. I. 7, 6.
IV. 5, 34.
Statilius nobilis eques IV. 7, 36.
L. Statorius I. 1, 3.
Sudines aruspex I. 11, 15.
Suessetani III. 10, 1.
L. Sulla: discutit seditionem le-
gionum I. 9, 2. militum animos
confirmat II. 7, 2 et 8. milites
ad pugnam paratos facit I. 11,
11. punit milites IV. 1, 27. bello
sociali ad Aeserniam I. 5, 17.
adversus Archelaum I. 5, 18.
I. 11, 20. II. 3, 7. II. 8, 12.
ad Praeneste II. 9, 3.
C. Sulpicius Gallus I. 12, 8.
C. Sulpicius Peticus Cos. II. 4, 5.
Sutrini II. 5, 2.
Syphax I. 1, 3. I. 2, 1. II. 5, 29.
II. 7, 4.
Syracusani III. 6, 6.
Syria II. 5, 35. II. 13, 2.

T.

Tarentini I. 4, 1. II. 3, 21. II. 4,
13. III. 3, 1. III. 3, 6. III. 17, 3.
Tarpeia saxa III. 13, 1.
Tarquinienses II. 4, 18.
Tarquinius (Superbus) I. 1, 4. III.
3, 3. rex II. 8, 1 et 9. Sextus
III. 3, 8.
Tarquitius Priscus II. 5, 31.
Taurus I. 1, 6.
Tegeatarum festus dies III. 2, 8.
Terentius, v. Varro.
Teutonicum bellum I. 2, 6.

Teutoni II. 2, 9. II. 7, 12. II. 9, 1.
Theagenes Atheniensis IV. 1, 8.
Thebani I. 4, 3. I. 9, 3. I. 11, 6.
II. 4, 11. II. 6, 6. III. 2, 10.
IV. 7, 19 et 21.
Themistocles muros Athenarum
aedificandos curat I. 1, 10. auc-
tor est Atheniensibus, ut liberos
et coniuges Troezena et in alias
urbes emittant I. 3, 6. Xerxem
ad Salamina arte incitat ad pu-
gnam II. 2, 14. prohibet suos
rumpere pontem, ut Xerxes ex
Europa in Asiam fugere possit,
Xerxisque fugam maturat II. 6, 8.
Thermopylae I. 4, 6. II. 2, 13. II.
4, 4. IV. 2, 9.
M. Thermus I. 8, 10.
Thessalicum bellum I. 5, 2.
Thessali IV. 7, 28.
Thraces II. 12, 4. III. 5, 1. III.
15, 5. III. 16, 5.
Thracia I. 4, 13. I. 6, 3.
Thrasybulus Milesiorum dux III.
9, 7. III. 15, 6.
Tigranes adversus Lucullum II. 1,
14. II. 2, 4.
Tigranocerta II. 1, 14. II. 2, 4.
II. 9, 5.
Timarchus Aetolus III. 2, 11.
Timotheus dux Atheniensium ad-
versus Corcyraeos I. 12, 11. ad-
versus Lacedaemonios II. 5, 47.
Tisamenus, Orestis filius I. 2, 8.
Tissaphernes I. 8, 12.
C. Titius praef. cohortis IV. 1, 26.
Titurius Sabinus III. 17, 6 et 7.
Tomyris Scytharum regina II. 5, 5.
A. Torquatus III. 5, 2.
Trasimenus lacus II. 5, 24. II.
6, 4. IV. 7, 25.
Trebia II. 5, 23.
Triballi II. 4, 20.
Tridentinus saltus IV. 1, 13.
Troezen I. 3, 6.
Troezenii III. 6, 7.
Tryphon rex Syriae II. 13, 2.

Tuditanus, v. Sempronius.
Tullus Hostilius II. 7, 1.
Tuscus habitus I. 2, 2.

U.

Umbria I. 1, 9.
Umbri I. 8, 3. Camertes I. 2, 2.

V.

Vaccaei IV. 7, 33.
Vadvadus quidam II. 9, 5.
Valeria gens IV. 1, 30.
Valerius tribunus militum IV. 1, 30.
P. Valerius Laevinus Cos. IV. 7, 7.
    adversus Pyrrhum II. 4, 9. ad
    Sirim IV. 1, 24. ad Epidaurum
    II. 11, 1.
Variana clades III. 15, 4. IV. 7, 8.
P. Varinius procos. I. 5, 22.
C. Varro (Terentius) Cos. IV. 1, 4.
    IV. 5, 6.
Veientes II. 4, 19. II. 7, 1.
Veii III. 13, 1.
Ventidius Parthico bello adversus
    Pacorum I. 1, 6. II. 2, 5. II.
    5, 36 et 37.

Vergellus amnis II. 2, 7.
Vespasianus Imperator IV. 6, 4.
Vesuvius I. 5, 21.
Vettii, v. Bottiaei.
Virginius Cos. II. 1, 7.
Viriathus Lusitanorum dux ex la-
    trone II. 5, 7. II. 13, 4. III. 10,
    6. III. 11, 4. IV. 5, 22.
Volsci II. 4, 15. II. 8, 2 et 3 et
    5. II. 12, 1. III. 1, 1. IV. 7, 40.
Volturnus amnis III. 14, 2.
Volturnus ventus II. 2, 7.

X.

Xanthippus Lacedaemonius II. 2,
    11. II. 3, 10.
Xanthus Boeotius II. 5, 4 et 41.
Xenophon I. 4, 10. IV. 2, 8. IV.
    6, 2.
Xerxes I. 3, 6. II. 2, 14. II. 6, 8.
    IV. 2, 9.

Z.

Zeugma urbs I. 1, 6.
Zopyrus III. 3, 4.

INDEX HISTORICUS

AD

LIBRUM DE AQUAE DUCTIBUS URBIS ROMAE.

A.

Acilius Aviola, curator aquarum 102.

Aediles: permittunt ius aquae dandae vendendaeve 95. opera probabant 96. permittunt irrigationem Circi Maximi 97. praeficiebant in singulis vicis, quorum arbitratu aqua in publico saliret 97.

Q. Aelius Tubero cos. 99. 100. 104. 106. 108. 125. 127.

M. Agrippa, aedilis post primum consulatum, Iuliam aquam Romam perduxit, alios ductus restituit, et singulari cura compluribus salientibus aquis urbem instruxit 9. salientes quos fecit 104. tertium cos. Virginem perduxit 10. est moduli auctor 25. perpetuus curator operum et munerum, habuit familiam propriam, quae tueretur aquaeductus, quam Augusto haereditate reliquit 98. 116. eius commentarii 99.

Albius Crispus, curator aquarum 102.

Albudinus fons 14.

Alsietina aqua 4. ab Augusto perducta, parum salubris; solet aquam dare in subsidium publicorum salientium; conceptio, longitudo 11. humilior ceteris aquis 18. finitur post naumachiam 22, unde aquam accipit 71. tota erogatur extra urbem 85.

Alsietinus lacus 11. 71.

T. Ampius Flavianus, curator aquarum 102.

Anio Novus: nomen 13. conceptio 15. 93. Cf. 13. limosus et turbulentus 15. 90. vitiabat ceteras aquas 13. 91. Nerva vitia exclusit 93. longitudo 15. aqua altissima 18. arcus altissimi 15. finis 20. ei iungitur rivus Herculaneus 15. dat aquam in Tepulam 68. in urbe miscetur cum Claudia 20. 72. 86. numerus quinariarum 73. erogatio 73. 86.

Anio Vetus in urbem perducitur a Fulvio Flacco 6. nomen, conceptio, longitudo 6. 13. Marcius eum reficit et vindicat 7. restitutus ab Agrippa 9. piscina 21. accipit aquam a Marcia 67. dat partem aquae in specum Octavianum; distribuitur 21. aqua turbulenta 90. non tamen nocet, quia libra inferior 91. minus salubris, in hortorum irrigationem et in urbis sordidiora ministeria exiit 92. modus quinariarum 66. erogatio 66. 80.

C. Antistius Vetus cos. 102.

Apollinaris fons (?) 4.

Appia aqua ab Appio Claudio Crasso perducta; ubi concipitur; longitudo 5. humilior oritur 79. ei iungitur ramus Augustae 5. reficitur a Marcio 7. restituitur ab Agrippa 9. non habet piscinam 22. rivus Appiae sub Caelio et Aventino actus, emergit infra clivum Publicium 22. distribuitur 5. modus quinariarum 65. erogatio 65. 79.

Appia via 5.

Appius Claudius Crassus Caecus, censor, viam Appiam munit, aquam Appiam perducit 5.

Appius Claudius cos. 7.

Aquae superant pyramides et opera Graecorum 16. novem aquae urbis 4. Caligula duos ductus inchoavit 13. tempus quo perductae sunt 4. libra omnium diversa; substructiones, arcuationes 18. piscinae 19. aqua ex altiore loco veniens et intra breve spatium in castellum cadens exuberat, ex humiliore veniens et longius ducta modum deperdit 35. qua in re etiam calicis positio habet momentum 36. cuiusque aquae conceptionis modus et erogatio 64—75. vitia et fraudes aquarum 76. erogatio 77—88. aquae copiam auxit Nerva, eamque sinceriorem et iucundiorem fecit 88. 89. Nerva suis quasque usibus adsignavit 92. Ius tuendae et ducendae aquae 94 sqq. Aqua caduca 94. 110. 111. ad quem magistratum ius aquae pertinet 95 sqq. tutela aquarum et ductuum 96 sqq. 116. 119 sqq. fraudes 112 sqq.

Aquariorum fraudes 75. 114. 115. in quattuor fistulis novaverunt 31 sqq. 37.

M. Aquilius Iulianus cos. 13. 102.

Asiniani horti 21.

C. Asinius Pollio cos. 102.

Atteius Capito, scriptor 97. curator aquarum 102.

Augustus perduxit Alsietinam, quum opus Naumachiae adgrederetur 11. item Augustam 12. familiam ab Agrippa ei relictam publicavit 98. 116. curatorem aquarum designat 99. senatus consultum 100. pollicetur senatui ductus sua impensa reficere 125. Princeps providentissimus 11.

L. Aurelius Cotta cos. 7.

B.

Barana porta (Tiburis) 6.

C.

Q. Caecilius cos. 7.

Caelii Rufi oratio de Aquis 76.

Caerulus et Curtius fontes 13. 14. 72.

Caesar Augustus Imp. cos. II. 9.

Caesulla, cognomen 96.

Caligula duos ductus inchoavit 13.

Calix quid sit; eius longitudo, lumen, positio 36. collocatio 113. signatio 112.

Camoenarum fons (?) 4.

Capena porta 5. 19 etc.

Careiae oppidum 71.

Sp. Carvilius cos. 6.

L. Cassius Longinus Ravilla, censor, Tepulam perducit 8.

Ceionii Commodi ager 70.

Censores, ad quos ius aquae ducendae et vendendae pertinebat 95. opera probabant 96. permittebant Circum Maximum irrigari 97.

Circus Maximus ludorum Circensium diebus irrigatus 97.

Claudia aqua perducitur a Claudio Imp. 13. ubi concipitur 14. Cf. 72. longitudo 14. bonitas 13. abundantior aliis aquis 72. sin-

sqq. Frontino, aquarum curam gerenti, non opus erat lictoribus; fides et auctoritas a Principe data pro lictoribus erat 101. indulgentia et fides 130.

Fulvius Flaccus cos. 8.

G.

Galerius Trachalus cos, 102.
Gemellae aquae 5. 65.

H.

Herculaneus rivus 15. 19.

I.

Iulia aqua, cui ab inventore nomen, ab Agrippa perducta; ubi concipitur; longitudo; augetur a Crabra, sed exhauritur largitionibus aquariorum 9. pluribus adquisitionibus constat 69. accipit aquam ex Claudia, dat in Tepulam 69. summus arcus; pars castellis Caelii diffunditur 19. in Caelium et Aventinum ducta, postea omissa est 76. modus quinariarum 60. erogatio 69. 83.

Iulii Divi aedis rostra 129.
Sex. Iunius Celer cos. 102.
Iuturnae fons (?) 4.

L.

Latina via 8. 9. etc.
Lavicana via 21.
Lecanius Bassus cos. 102.
L. Lentulus praetor 7.
Lepidus praetor 7.
Lex Quintia 129. legis fragmentum 94. 97. 103. 109.
C. Licinius Caesulla censor 96.
Q. Lucretius cos. 10.
Lucullanus ager 5. 10. quem quidam Tusculanum credunt 8.
Ludorum Circensium diebus Circus Maximus irrigabatur 97.

M.

Mandatum 111.
Marcia aqua a Marcio perducitur; longitudo 7. adiuvatur ex fonte Albudino 14. ex Augusta 72. dat aquam Tepulae et Anioni 67. arcus; partem aquae in rivum Herculaneum deiicit 19. in Caelium et Aventinum ducta, postea omissa est 76. redditur his collibus ampliore opere 87. restituitur ab Agrippa 9. Marciae splendor 89. gratissima splendore et frigore, balneis ac fullonibus et foedis ministeriis servit 91. egregiae dotes 93. modus quinariarum 67. erogatio 67. 81.

Marcianus fons (?) 4.
Marcius Rex, praetor inter cives et peregrinos, ductus Appiae et Anionis reficit, Marciam perducit; praetura prorogatur; gratia eius 7.

P. Marcius, curator aquarum 102.
Memmius Regulus cos. 102.
Messala Corvinus, curator aquarum 99. 102.
Minucius praetor 6.
Modulus, a quo inductus; quinario nomine appellatus 25. omnis modulus colligitur aut diametro aut perimetro aut areae mensura 26. duobus generibus incrementum accipiunt 27. 28. ratio nominum modulorum, seu fistularum 29. sunt viginti quinque 34. in usu sunt quindecim 37. ad quam rationem directi 37. eorum enumeratio et computatio 39—63. modulus erogatorius et acceptorius 34.

N.

Naumachia Augusti 11. 22.
Nero, a quo via Sublacensis strata

Lightning Source UK Ltd.
Milton Keynes UK
UKHW050756110621
385337UK00005B/363